웨스트민스터
소교리문답

휴대 암송용

KB188730

The Westminster Shorter Catechism

그리스도인들은 그 책의 사람들, 바로 성경의 사람들입니다. 성경에만 권위를 두고, 성경대로 살며, 성경에 자신을 계시하신 삼위 하나님만을 예배하고 사랑합니다. 이에 **그 책의 사람들**은 하나님께만 영광 돌리고, 하나님의 나라와 교회의 번영과 행복을 위해 성경에 충실한 도서들만을 독자들에게 전하겠습니다.

웨스트민스터
소교리문답

휴대 암송용

웨스트민스터 총회 지음
그 책의 사람들 옮김

그책의
사람들

일러두기

1. 웨스트민스터 소교리문답은 삼위일체 하나님을 믿는 그리스도인이 기본적으로 알고 믿어야 할 교리를 107개의 문답으로 구성한 신앙고백입니다. 믿음이 장성한 사람들에게도 유익이 많지만, 특히 이제 막 그리스도를 영접한 사람들, 하나님을 알고 싶어 하는 사람들, 구원받고자 하는 사람들, 나이가 어린 사람들을 대상으로 기독교의 기초 교리를 가르치고 배울 수 있게 순서와 내용이 구성되었습니다.

2. 교육뿐만 아니라 암송을 위해서도 기획된 것이기 때문에 107개 문답을 암송해 보시기 바랍니다. 꼭 암송이 아니더라도 시간과 장소에 잠깐의 여유가 있을 때마다 반복해서 읽기만 해도 아주 좋습니다.

3. 이 책은 휴대하기에 부담되지 않은 판형과 분량으로 만들어졌습니다. 언제 어디서나 휴대하여 웨스트민스터 소교리문답의 내용을 배우고, 공부한 내용을 확인할 수 있습니다.

    또 독자분들의 편의를 위해 증거구절을 모두 찾아 넣었습니다.

다만 번역본문의 증거구절 표기 순서가 원문을 따라 배치되었기 때문에 순서 숫자에 주의하셔서 증거구절을 확인하시기 바랍니다.

4. 웨스트민스터 소교리문답은 성경의 가르침을 요약하고 정리한 것입니다. 따라서 될 수 있는 대로 성경에 있는 말로 표현하여 성경과 교리를 서로 가깝게 느낄 수 있도록 노력했습니다.

5. 될 수 있으면 한자어를 사용하지 않고 우리말을 살리려고 노력했지만, 한자의 의미가 훨씬 분명하고 풍부한 경우는 한자어를 사용했습니다.

6. 성경의 진리를 분명하고 간략하게 요약한 신앙고백과 교리문답은 그 특성상 하나의 단어나, 하나의 표현, 또는 하나의 문장이나 의미 단위 전체가 많은 내용을 표현하거나 함축하고 있습니다. 또 영어, 그것도 17세기 영어와 현대 우리말의 차이가 있지요. 이런 이유들로 단어나 표현을 일대일로 정확하게 표현하기 어려운 경우가 있습니다.

　이러한 현실과 어려움을 마음에 두고 우리말 번역을 생각해 주시면 좋겠습니다. 될 수 있는 대로 엄밀하게 번역하여 내용을 전달해야겠지만, 소통되지 않는 단어를 지나치게 사용하여 의사소통에 어려움이 있어서는 안 되겠기에 이에 맞추려고 노력했습니다.

언어로 모든 의미를 엄밀하게 정의할 수는 없습니다. 풍성하게 표현하는 것이 항상 가능한 것도 아닙니다. 언어는 변하기도 합니다. 또 사람들의 신학적인 배경에 따라, 교회에서의 신앙경험에 따라서도 언어의 의미에 차이가 있기도 합니다.

그래서 단어 하나에 현미경을 지나치게 가져다 대는 것보다는 단어와 표현 하나, 특정 문장이 말하는 내용이 무엇인가에 대해 공통의 이해와 배려가 필요하다고 생각합니다.

이런 이유들로 독자 여러분의 유익을 위해 말씀드립니다. 이 책으로 배운 것을 정리하실 때, 번역된 표현을 중심으로 여러분께서 교회에서 배우며 성경에서 찾으신 여러 의미를, 풍부한 표현들을 해당 단어, 표현 옆에 적어보십시오. 필요한 경우 본문의 단어나 표현을 바꾸셔도 좋습니다. 이후, 이 책들의 내용이 필요해서 찾으실 때, 또 정리하실 때 훨씬 더 풍성하고 분명한 이해를 가지고 기독교 진리를 정리하고 신앙고백하실 수만 있다면 저희는 감사할 뿐입니다.

7. 본 웨스트민스터 소교리문답은 1647년에 공표하고, 1648년에 출판한 영어 원문을 번역한 것입니다.

목차

13문답 우리 시조는 창조 받은 상태에 그대로 있었습니까?

14문답 죄는 무엇입니까?

15문답 우리 시조가 창조 받은 상태에서 타락하게 된 죄는 무엇입니까?

16문답 온 인류가 아담이 처음 죄를 지을 때 타락했습니까?

17문답 아담의 타락은 인류를 어떤 상태로 이르게 했습니까?

18문답 사람이 타락한 상태에서 죄는 어떤 것이 있습니까?

19문답 타락한 상태에서 사람의 비참은 무엇입니까?

20문답 하나님께서는 온 인류를 죄와 비참의 상태에서 멸망하도록 버려 두셨습니까?

21문답 하나님께서 선택하신 사람들의 구속자는 누구입니까?

22문답 하나님의 아들이신 그리스도는 어떻게 사람이 되셨습니까?

23문답 그리스도께서는 우리의 구속자로서 무슨 직분을 행하십니까?

24문답 그리스도께서는 선지자의 직분을 어떻게 행하십니까?

25문답 그리스도께서는 제사장의 직분을 어떻게 행하십니까?

26문답 그리스도께서는 왕의 직분을 어떻게 행하십니까?

27문답 그리스도의 낮아지심은 어떻게 이루어집니까?

28문답 그리스도의 높아지심은 어떻게 이루어집니까?

29문답 우리는 그리스도께서 값 주고 사신 구속에 어떻게 참여하게 됩니까?

30문답 성령님께서는 그리스도께서 값 주고 사신 구속을 우리에게 어떻게 적용하십니까?

31문답 효과적인 부르심이란 무엇입니까?

32문답 효과적인 부르심을 받은 자들은 이 세상에서 어떤 혜택을 받습니까?

33문답 의롭다 하심(칭의)이란 무엇입니까?

34문답 양자됨이란 무엇입니까?

웨스트민스터 소교리문답 영어 원문 • 113

웨스트민스터
소교리문답

The Westminster Shorter Catechism

1문답

문. 사람의 첫째가는 목적은 무엇입니까?

답. 사람의 첫째가는 목적은 하나님을 영화롭게 하고[1] 영원토록 하나님을 즐거워하는 것입니다.[2]

> 1) 고전 10:31; 롬 11:36. 2) 시 73:25-28.

고전 10:31 그런즉 너희가 먹든지 마시든지 무엇을 하든지 다 하나님의 영광을 위하여 하라

롬 11:36 이는 만물이 주에게서 나오고 주로 말미암고 주에게로 돌아감이라 그에게 영광이 세세에 있을지어다 아멘

시 73:25-28 하늘에서는 주 외에 누가 내게 있으리요 땅에서는 주 밖에 내가 사모할 이 없나이다 내 육체와 마음은 쇠약하나 하나님은 내 마음의 반석이시요 영원한 분깃이시라 무릇 주를 멀리하는 자는 망하리니 음녀 같이 주를 떠난 자를 주께서 다 멸하셨나이다 하나님께 가까이 함이 내게 복이라 내가 주 여호와를 나의 피난처로 삼아 주의 모든 행적을 전파하리이다

2문답

문. 하나님을 영화롭게 하고 하나님을 즐거워하도록 지도하시기 위해 하나님께서 우리에게 주신 법칙은 무엇입니까?

답. 하나님을 영화롭게 하고 하나님을 즐거워하도록 지도하시기 위해 하나님께서 우리에게 주신 법칙은[2] 구약과 신약 성경에 기록된 하나님의 말씀뿐입니다.[1]

> 1) 딤후 3:16; 엡 2:20. 2) 요일 1:3-4.

딤후 3:16 모든 성경은 하나님의 감동으로 된 것으로 교훈과 책망과 바르게 함과 의로 교육하기에 유익하니

엡 2:20 너희는 사도들과 선지자들의 터 위에 세우심을 입은 자라 그리스도 예수 께서 친히 모퉁잇돌이 되셨느니라

요일 1:3-4 우리가 보고 들은 바를 너희에게도 전함은 너희로 우리와 사귐이 있 게 하려 함이니 우리의 사귐은 아버지와 그의 아들 예수 그리스도와 더불어 누림 이라 우리가 이것을 씀은 우리의 기쁨이 충만하게 하려 함이라

3문답

문. 성경이 주로 가르치는 것은 무엇입니까?

답. 성경이 주로 가르치는 것은 사람이 하나님에 대해 무엇 을 믿어야 하는가와 하나님께서 사람에게 요구하시는 의무는 무엇인가입니다.[1]

1) 딤후 1:13; 딤후 3:16.

딤후 1:13 너는 그리스도 예수 안에 있는 믿음과 사랑으로써 내게 들은 바 바른 말을 본받아 지키고

딤후 3:16 모든 성경은 하나님의 감동으로 된 것으로 교훈과 책망과 바르게 함과 의로 교육하기에 유익하니

4문답

문. 하나님께서는 어떤 분이십니까?

답. 하나님께서는 영이신데[1], 존재와[5] 지혜와[6] 권능과[7] 거룩하심과[8] 공의로우심과 선하심과 진실하심이[9] 무한하고[2] 영원하며[3] 불변하시는 분이십니다.[4]

1) 요 4:24. 2) 욥 11:7-9. 3) 시 90:2. 4) 약 1:17. 5) 출 3:14. 6) 시 147:5. 7) 계 4:8. 8) 계 15:4. 9) 출 34:6-7.

요 4:24 하나님은 영이시니 예배하는 자가 영과 진리로 예배할지니라

욥 11:7-9 네가 하나님의 오묘함을 어찌 능히 측량하며 전능자를 어찌 능히 완전히 알겠느냐 하늘보다 높으시니 네가 무엇을 하겠으며 스올보다 깊으시니 네가 어찌 알겠느냐 그의 크심은 땅보다 길고 바다보다 넓으니라

시 90:2 산이 생기기 전, 땅과 세계도 주께서 조성하시기 전 곧 영원부터 영원까지 주는 하나님이시니이다

약 1:17 온갖 좋은 은사와 온전한 선물이 다 위로부터 빛들의 아버지께로부터 내려오나니 그는 변함도 없으시고 회전하는 그림자도 없으시니라

출 3:14 하나님이 모세에게 이르시되 나는 스스로 있는 자이니라 또 이르시되 너는 이스라엘 자손에게 이같이 이르기를 스스로 있는 자가 나를 너희에게 보내셨다 하라

시 147:5 우리 주는 위대하시며 능력이 많으시며 그의 지혜가 무궁하시도다

계 4:8 네 생물은 각각 여섯 날개를 가졌고 그 안과 주위에는 눈들이 가득하더라 그들이 밤낮 쉬지 않고 이르기를 거룩하다 거룩하다 거룩하다 주 하나님 곧 전능하신 이여 전에도 계셨고 이제도 계시고 장차 오실 이시라 하고

계 15:4 주여 누가 주의 이름을 두려워하지 아니하며 영화롭게 하지 아니하오리이까 오직 주만 거룩하시니이다 주의 의로우신 일이 나타났으매 만국이 와서 주께 경배하리이다 하더라

출 34:6-7 여호와께서 그의 앞으로 지나시며 선포하시되 여호와라 여호와라 자비롭고 은혜롭고 노하기를 더디하고 인자와 진실이 많은 하나님이라 인자를 천대까지 베풀며 악과 과실과 죄를 용서하리라 그러나 벌을 면제하지는 아니하고 아버지의 악행을 자손 삼사 대까지 보응하리라

5문답

문. 하나님께서 여러 분 계십니까?

답. 하나님께서는 오직 한 분이시며, 살아계시고 참되십니다.[1]

> 1) 신 6:4; 렘 10:10.

신 6:4 이스라엘아 들으라 우리 하나님 여호와는 오직 유일한 여호와이시니

렘 10:10 오직 여호와는 참 하나님이시요 살아 계신 하나님이시요 영원한 왕이시라 그 진노하심에 땅이 진동하며 그 분노하심을 이방이 능히 당하지 못하느니라

6문답

문. 하나님의 신격에는 몇 위가 계십니까?

답. 하나님의 신격에는 삼위, 곧 성부, 성자, 성령이 계십니다. 이 삼위는 한 하나님이시며, 본질이 같고 권능과 영광을 동등하게 가지십니다.[1]

> 1) 요일 5:7; 마 28:19.

요일 5:7 증언하는 이가 셋이니

(소교리문답이 작성됐던 당시 사용됐던 영어성경KJV 본문은 다음과 같습니다: For there are three that bear record in heaven, the Father, the Word, and the Holy Ghost: and these three are one.)

마 28:19 그러므로 너희는 가서 모든 민족을 제자로 삼아 아버지와 아들과 성령의 이름으로 세례를 베풀고

7문답

문. 하나님의 작정은 무엇입니까?

답. 하나님의 작정은 하나님의 뜻대로 계획하신 하나님의 영원한 목적입니다. 이로 말미암아 하나님께서는 자신의 영광을 위해, 일어나는 모든 일을 미리 정하셨습니다.[1]

1) 엡 1:4, 11; 롬 9:22-23.

엡 1:4, 11 [4]곧 창세전에 그리스도 안에서 우리를 택하사 우리로 사랑 안에서 그 앞에 거룩하고 흠이 없게 하시려고 [11]모든 일을 그의 뜻의 결정대로 일하시는 이의 계획을 따라 우리가 예정을 입어 그 안에서 기업이 되었으니

롬 9:22-23 만일 하나님이 그의 진노를 보이시고 그의 능력을 알게 하고자 하사 멸하기로 준비된 진노의 그릇을 오래 참으심으로 관용하시고 또한 영광 받기로 예비하신 바 긍휼의 그릇에 대하여 그 영광의 풍성함을 알게 하고자 하셨을지라도 무슨 말을 하리요

8문답

문. 하나님께서는 작정을 어떻게 이루십니까?

답. 하나님께서는 작정을 창조와 섭리의 일로 이루십니다.

9문답

문. 창조의 일은 무엇입니까?

답. 창조의 일은 하나님께서 자신의 권능의 말씀으로 엿새
동안 아무것도 없는 가운데서 모든 것을 만드신 것인데,
만드신 모든 것이 매우 좋았습니다.[1]

1) 창 1; 히 11:3.

창 1 태초에 하나님이 천지를 창조하시니라 땅이 혼돈하고 공허하며 흑암이 깊음 위에 있고 하나님의 영은 수면 위에 운행하시니라 하나님이 이르시되 빛이 있으라 하시니 빛이 있었고 빛이 하나님이 보시기에 좋았더라 하나님이 빛과 어둠을 나누사 하나님이 빛을 낮이라 부르시고 어둠을 밤이라 부르시니라 저녁이 되고 아침이 되니 이는 첫째 날이니라 하나님이 이르시되 물 가운데에 궁창이 있어 물과 물로 나뉘라 하시고 하나님이 궁창을 만드사 궁창 아래의 물과 궁창 위의 물로 나뉘게 하시니 그대로 되니라 하나님이 궁창을 하늘이라 부르시니라 저녁이 되고 아침이 되니 이는 둘째 날이니라 하나님이 이르시되 천하의 물이 한 곳으로 모이고 뭍이 드러나라 하시니 그대로 되니라 하나님이 뭍을 땅이라 부르시고 모인 물을 바다라 부르시니 하나님이 보시기에 좋았더라 하나님이 이르시되 땅은 풀과 씨 맺는 채소와 각기 종류대로 씨 가진 열매 맺는 나무를 내라 하시니 그대로 되어 땅이 풀과 각기 종류대로 씨 맺는 채소와 각기 종류대로 씨 가진 열매 맺는 나무를 내니 하나님이 보시기에 좋았더라 저녁이 되고 아침이 되니 이는 셋째 날이니라 하나님이 이르시되 하늘의 궁창에 광명체들이 있어 낮과 밤을 나뉘게 하고 그것들로 징조와 계절과 날과 해를 이루게 하라 또 광명체들이 하늘의 궁창에 있어 땅을 비추라 하시니 그대로 되니라 하나님이 두 큰 광명체를 만드사 큰 광명체로 낮을 주관하게 하시고 작은 광명체로 밤을 주관하게 하시며 또 별들을 만드시고 하나님이 그것들을 하늘의 궁창에 두어 땅을 비추게 하시며 낮과 밤을 주관하게 하시고 빛과 어둠을 나뉘게 하시니 하나님이 보시기에 좋았더라 저

녁이 되고 아침이 되니 이는 넷째 날이니라 하나님이 이르시되 물들은 생물을 번성하게 하라 땅 위 하늘의 궁창에는 새가 날으라 하시고 하나님이 큰 바다 짐승들과 물에서 번성하여 움직이는 모든 생물을 그 종류대로, 날개 있는 모든 새를 그 종류대로 창조하시니 하나님이 보시기에 좋았더라 하나님이 그들에게 복을 주시며 이르시되 생육하고 번성하여 여러 바닷물에 충만하라 새들도 땅에 번성하라 하시니라 저녁이 되고 아침이 되니 이는 다섯째 날이니라 하나님이 이르시되 땅은 생물을 그 종류대로 내되 가축과 기는 것과 땅의 짐승을 종류대로 내라 하시니 그대로 되니라 하나님이 땅의 짐승을 그 종류대로, 가축을 그 종류대로, 땅에 기는 모든 것을 그 종류대로 만드시니 하나님이 보시기에 좋았더라 하나님이 이르시되 우리의 형상을 따라 우리의 모양대로 우리가 사람을 만들고 그들로 바다의 물고기와 하늘의 새와 가축과 온 땅과 땅에 기는 모든 것을 다스리게 하자 하시고 하나님이 자기 형상 곧 하나님의 형상대로 사람을 창조하시되 남자와 여자를 창조하시고 하나님이 그들에게 복을 주시며 하나님이 그들에게 이르시되 생육하고 번성하여 땅에 충만하라, 땅을 정복하라, 바다의 물고기와 하늘의 새와 땅에 움직이는 모든 생물을 다스리라 하시니라 하나님이 이르시되 내가 온 지면의 씨 맺는 모든 채소와 씨 가진 열매 맺는 모든 나무를 너희에게 주노니 너희의 먹을 거리가 되리라 또 땅의 모든 짐승과 하늘의 모든 새와 생명이 있어 땅에 기는 모든 것에게는 내가 모든 푸른 풀을 먹을 거리로 주노라 하시니 그대로 되니라 하나님이 지으신 그 모든 것을 보시니 보시기에 심히 좋았더라 저녁이 되고 아침이 되니 이는 여섯째 날이니라

히 11:3 믿음으로 모든 세계가 하나님의 말씀으로 지어진 줄을 우리가 아나니 보이는 것은 나타난 것으로 말미암아 된 것이 아니니라

10문답

문. 하나님께서는 사람을 어떻게 창조하셨습니까?

답. 하나님께서는 사람을 남자와 여자로 창조하시되, 하나님의 형상대로 지식과 의와 거룩함이 있게 지으셨고, 다른 피조물을 다스리게 하셨습니다.[1]

> 1) 창 1:26-28; 골 3:10; 엡 4:24.

창 1:26-28 하나님이 이르시되 우리의 형상을 따라 우리의 모양대로 우리가 사람을 만들고 그들로 바다의 물고기와 하늘의 새와 가축과 온 땅과 땅에 기는 모든 것을 다스리게 하자 하시고 하나님이 자기 형상 곧 하나님의 형상대로 사람을 창조하시되 남자와 여자를 창조하시고 하나님이 그들에게 복을 주시며 하나님이 그들에게 이르시되 생육하고 번성하여 땅에 충만하라, 땅을 정복하라, 바다의 물고기와 하늘의 새와 땅에 움직이는 모든 생물을 다스리라 하시니라

골 3:10 새 사람을 입었으니 이는 자기를 창조하신 이의 형상을 따라 지식에까지 새롭게 하심을 입은 자니라

엡 4:24 하나님을 따라 의와 진리의 거룩함으로 지으심을 받은 새 사람을 입으라

문. 하나님의 섭리의 일은 무엇입니까?

답. 하나님의 섭리의 일은 하나님께서 모든 피조물과 피조물의 모든 행동을⁴⁾ 더 없는 거룩하심과¹⁾ 지혜와²⁾ 권능으로 보존하시고³⁾ 통치하시는 것입니다.

1) 시 145:17. 2) 시 104:24; 사 28:29. 3) 히 1:3. 4) 시 103:19; 마 10:29-31.

시 145:17 여호와께서는 그 모든 행위에 의로우시며 그 모든 일에 은혜로우시도다

시 104:24 여호와여 주께서 하신 일이 어찌 그리 많은지요 주께서 지혜로 그들을 다 지으셨으니 주께서 지으신 것들이 땅에 가득하니이다

사 28:29 이도 만군의 여호와께로부터 난 것이라 그의 경영은 기묘하며 지혜는 광대하니라

히 1:3 이는 하나님의 영광의 광채시요 그 본체의 형상이시라 그의 능력의 말씀으로 만물을 붙드시며 죄를 정결하게 하는 일을 하시고 높은 곳에 계신 지극히 크신 이의 우편에 앉으셨느니라

시 103:19 여호와께서 그의 보좌를 하늘에 세우시고 그의 왕권으로 만유를 다스리시도다

마 10:29-31 참새 두 마리가 한 앗사리온에 팔리지 않느냐 그러나 너희 아버지께서 허락하지 아니하시면 그 하나도 땅에 떨어지지 아니하리라 너희에게는 머리털까지 다 세신 바 되었나니 두려워하지 말라 너희는 많은 참새보다 귀하니라

12문답

문. 사람이 창조 받은 상태에 있을 때 하나님께서 사람에게 특별히 섭리하신 행위는 무엇입니까?

답. 하나님께서는 사람을 창조하시고 나서 완전한 순종을 조건으로 사람과 생명의 언약을 맺으시되, 선악을 알게 하는 나무의 열매 먹는 것을 죽음의 형벌로 금지하셨습니다.[1]

　　1) 갈 3:12; 창 2:17.

갈 3:12 율법은 믿음에서 난 것이 아니니 율법을 행하는 자는 그 가운데서 살리라 하였느니라

창 2:17 선악을 알게 하는 나무의 열매는 먹지 말라 네가 먹는 날에는 반드시 죽으리라 하시니라

13문답

문. 우리 시조는 창조 받은 상태에 그대로 있었습니까?

답. 의지의 자유를 받은 우리 시조는 하나님께 맞서 죄를 지음으로 창조 받은 상태로부터 타락했습니다.[1]

　　1) 창 3:6-8, 13; 전 7:29.

창 3:6-8, 13 6-8여자가 그 나무를 본즉 먹음직도 하고 보암직도 하고 지혜롭게 할 만큼 탐스럽기도 한 나무인지라 여자가 그 열매를 따먹고 자기와 함께 있는 남편에게도 주매 그도 먹은지라 이에 그들의 눈이 밝아져 자기들이 벗은 줄을 알고 무화과나무 잎을 엮어 치마로 삼았더라 그들이 그 날 바람이 불 때 동산에 거니시는 여호와 하나님의 소리를 듣고 아담과 그의 아내가 여호와 하나님의 낯을 피하여 동산 나무 사이에 숨은지라 13여호와 하나님이 여자에게 이르시되 네가 어찌하여 이렇게 하였느냐 여자가 이르되 뱀이 나를 꾀므로 내가 먹었나이다

전 7:29 내가 깨달은 것은 오직 이것이라 곧 하나님은 사람을 정직하게 지으셨으나 사람이 많은 꾀들을 낸 것이니라

14문답

문. 죄는 무엇입니까?

답. 죄는 하나님의 법을 조금이라도 온전히 못 지키거나 그 법을 어기는 것입니다.[1]

1) 요일 3:4.

요일 3:4 죄를 짓는 자마다 불법을 행하나니 죄는 불법이라

15문답

문. 우리 시조가 창조 받은 상태에서 타락하게 된 죄는 무엇입니까?

답. 우리 시조가 창조 받은 상태에서 타락하게 된 죄는 먹지 말라 하신 열매를 먹은 것입니다.[1]

1) 창 3:6, 12.

창 3:6, 12 [6]여자가 그 나무를 본즉 먹음직도 하고 보암직도 하고 지혜롭게 할 만큼 탐스럽기도 한 나무인지라 여자가 그 열매를 따먹고 자기와 함께 있는 남편에게도 주매 그도 먹은지라 [12]아담이 이르되 하나님이 주셔서 나와 함께 있게 하신 여자 그가 그 나무 열매를 내게 주므로 내가 먹었나이다

16문답

문. 온 인류가 아담이 처음 죄를 지을 때 타락했습니까?

답. 하나님께서 아담과 맺은 언약은 아담만이 아니라 아담의 후손과도 맺은 것이므로 보통의 출생으로 아담에게서 나오는 온 인류는 아담이 처음 죄를 지을 때 아담 안에서 죄를 짓고 아담과 함께 타락했습니다.[1]

1) 창 2:16–17; 롬 5:12; 고전 15:21–22.

창 2:16–17 여호와 하나님이 그 사람에게 명하여 이르시되 동산 각종 나무의 열매는 네가 임의로 먹되 선악을 알게 하는 나무의 열매는 먹지 말라 네가 먹는 날에는 반드시 죽으리라 하시니라

롬 5:12 그러므로 한 사람으로 말미암아 죄가 세상에 들어오고 죄로 말미암아 사망이 들어왔나니 이와 같이 모든 사람이 죄를 지었으므로 사망이 모든 사람에게 이르렀느니라

고전 15:21–22 사망이 한 사람으로 말미암았으니 죽은 자의 부활도 한 사람으로 말미암는도다 아담 안에서 모든 사람이 죽은 것 같이 그리스도 안에서 모든 사람이 삶을 얻으리라

17문답

문. 아담의 타락은 인류를 어떤 상태로 이르게 했습니까?

답. 아담의 타락은 인류를 죄와 비참의 상태에 이르게 했습니다.[1]

1) 롬 5:12.

롬 5:12 그러므로 한 사람으로 말미암아 죄가 세상에 들어오고 죄로 말미암아 사망이 들어왔나니 이와 같이 모든 사람이 죄를 지었으므로 사망이 모든 사람에게 이르렀느니라

18문답

문. 사람이 타락한 상태에서 죄는 어떤 것이 있습니까?

답. 사람이 타락한 상태에서 죄는 원죄와 본죄(자범죄)가 있는데, 원죄는 아담이 처음 지은 죄에 대한 죄책과 원래 의의 결핍과 본성 전체의 부패이며, 본죄는 이 원죄로부터 나와 실행되는 모든 죄입니다.[1]

1) 롬 5:12, 19; 롬 5:10-20; 엡 2:1-3; 약 1:14-15; 마 15:19.

롬 5:12, 19 [12]그러므로 한 사람으로 말미암아 죄가 세상에 들어오고 죄로 말미암아 사망이 들어왔나니 이와 같이 모든 사람이 죄를 지었으므로 사망이 모든 사람에게 이르렀느니라 [19]한 사람이 순종하지 아니함으로 많은 사람이 죄인 된 것 같이 한 사람이 순종하심으로 많은 사람이 의인이 되리라

롬 5:10-20 곧 우리가 원수 되었을 때에 그의 아들의 죽으심으로 말미암아 하나님과 화목하게 되었은즉 화목하게 된 자로서는 더욱 그의 살아나심으로 말미암아 구원을 받을 것이니라 그뿐 아니라 이제 우리로 화목하게 하신 우리 주 예수 그리스도로 말미암아 하나님 안에서 또한 즐거워하느니라 그러므로 한 사람으로 말미암아 죄가 세상에 들어오고 죄로 말미암아 사망이 들어왔나니 이와 같이 모든 사람이 죄를 지었으므로 사망이 모든 사람에게 이르렀느니라 죄가 율법 있기 전에도 세상에 있었으나 율법이 없었을 때에는 죄를 죄로 여기지 아니하였느니라 그러나 아담으로부터 모세까지 아담의 범죄와 같은 죄를 짓지 아니한 자들까지도 사망이 왕 노릇 하였나니 아담은 오실 자의 모형이라 그러나 이 은사는 그 범죄와 같지 아니하니 곧 한 사람의 범죄를 인하여 많은 사람이 죽었은즉 더욱 하나님의 은혜와 또한 한 사람 예수 그리스도의 은혜로 말미암은 선물은 많은 사람에게 넘쳤느니라 또 이 선물은 범죄한 한 사람으로 말미암은 것과 같지 아니하니 심판은 한 사람으로 말미암아 정죄에 이르렀으나 은사는 많은 범죄로 말미암아 의롭다 하심에 이름이니라 한 사람의 범죄로 말미암아 사망이 그 한 사람을 통하

여 왕 노릇 하였은즉 더욱 은혜와 의의 선물을 넘치게 받는 자들은 한 분 예수 그리스도를 통하여 생명 안에서 왕 노릇 하리로다 그런즉 한 범죄로 많은 사람이 정죄에 이른 것 같이 한 의로운 행위로 말미암아 많은 사람이 의롭다 하심을 받아 생명에 이르렀느니라 한 사람이 순종하지 아니함으로 많은 사람이 죄인 된 것 같이 한 사람이 순종하심으로 많은 사람이 의인이 되리라 율법이 들어온 것은 범죄를 더하게 하려 함이라 그러나 죄가 더한 곳에 은혜가 더욱 넘쳤나니

엡 2:1-3 그는 허물과 죄로 죽었던 너희를 살리셨도다 그 때에 너희는 그 가운데서 행하여 이 세상 풍조를 따르고 공중의 권세 잡은 자를 따랐으니 곧 지금 불순종의 아들들 가운데서 역사하는 영이라 전에는 우리도 다 그 가운데서 우리 육체의 욕심을 따라 지내며 육체와 마음의 원하는 것을 하여 다른 이들과 같이 본질상 진노의 자녀이었더니

약 1:14-15 오직 각 사람이 시험을 받는 것은 자기 욕심에 끌려 미혹됨이니 욕심이 잉태한즉 죄를 낳고 죄가 장성한즉 사망을 낳느니라

마 15:19 마음에서 나오는 것은 악한 생각과 살인과 간음과 음란과 도둑질과 거짓 증언과 비방이니

문. 타락한 상태에서 사람의 비참은 무엇입니까?

답. 타락으로 말미암아 온 인류는 하나님과의 교제가 끊어졌고,¹⁾ 하나님의 진노와 저주 아래 놓이게 되어,²⁾ 이 세상에서는 온갖 비참함을 겪다가, 결국 죽음에 이르며, 지옥에서는 영원히 고통을 받습니다. ³⁾

1) 창 3: 8, 10, 24. 2) 엡 2:2–3; 갈 3:10. 3) 애 3:39; 롬 6:23; 마 25:41, 46.

창 3:8, 10, 24 ⁸그들이 그 날 바람이 불 때 동산에 거니시는 여호와 하나님의 소리를 듣고 아담과 그의 아내가 여호와 하나님의 낯을 피하여 동산 나무 사이에 숨은지라 ¹⁰이르되 내가 동산에서 하나님의 소리를 듣고 내가 벗었으므로 두려워하여 숨었나이다 ²⁴이같이 하나님이 그 사람을 쫓아내시고 에덴 동산 동쪽에 그룹들과 두루 도는 불 칼을 두어 생명 나무의 길을 지키게 하시니라

엡 2:2–3 그 때에 너희는 그 가운데서 행하여 이 세상 풍조를 따르고 공중의 권세 잡은 자를 따랐으니 곧 지금 불순종의 아들들 가운데서 역사하는 영이라 전에는 우리도 다 그 가운데서 우리 육체의 욕심을 따라 지내며 육체와 마음의 원하는 것을 하여 다른 이들과 같이 본질상 진노의 자녀이었더니

갈 3:10 무릇 율법 행위에 속한 자들은 저주 아래에 있나니 기록된 바 누구든지 율법 책에 기록된 대로 모든 일을 항상 행하지 아니하는 자는 저주 아래에 있는 자라 하였음이라

애 3:39 살아 있는 사람은 자기 죄들 때문에 벌을 받나니 어찌 원망하랴

롬 6:23 죄의 삯은 사망이요 하나님의 은사는 그리스도 예수 우리 주 안에 있는 영생이니라

마 25:41, 46 ⁴¹또 왼편에 있는 자들에게 이르시되 저주를 받은 자들아 나를 떠나 마귀와 그 사자들을 위하여 예비된 영원한 불에 들어가라 ⁴⁶그들은 영벌에, 의인들은 영생에 들어가리라 하시니라

20문답

문. 하나님께서는 온 인류를 죄와 비참의 상태에서 멸망하도록 버려두셨습니까?

답. 자신의 순전하고 선하며 기뻐하시는 뜻대로 영원 전에 어떤 사람들을 영생에 이르도록 선택하신 하나님께서는 ¹⁾ 구속자로 말미암아 택하신 자들을 죄와 비참의 상태에서 건져내어 구원의 상태에 이르게 하시려고 은혜 언약을 세우셨습니다. ²⁾

1) 엡 1:4. 2) 롬 3:20-22; 갈 3:21-22.

엡 1:4 곧 창세전에 그리스도 안에서 우리를 택하사 우리로 사랑 안에서 그 앞에 거룩하고 흠이 없게 하시려고

롬 3:20-22 그러므로 율법의 행위로 그의 앞에 의롭다 하심을 얻을 육체가 없나니 율법으로는 죄를 깨달음이니라 이제는 율법 외에 하나님의 한 의가 나타났으니 율법과 선지자들에게 증거를 받은 것이라 곧 예수 그리스도를 믿음으로 말미암아 모든 믿는 자에게 미치는 하나님의 의니 차별이 없느니라

갈 3:21-22 ²¹그러면 율법이 하나님의 약속들과 반대되는 것이냐 결코 그럴 수 없느니라 만일 능히 살게 하는 율법을 주셨더라면 의가 반드시 율법으로 말미암았으리라 ²²그러나 성경이 모든 것을 죄 아래에 가두었으니 이는 예수 그리스도를 믿음으로 말미암는 약속을 믿는 자들에게 주려 함이라

21문답

문. 하나님께서 선택하신 사람들의 구속자는 누구입니까?

답. 하나님께서 선택하신 사람들의 유일한 구속자는 주 예수 그리스도이신데,[1] 예수 그리스도는 하나님의 영원하신 아들로서 사람이 되셨고,[2] 사람이 되신 그때부터 영원히 한 위^{person}에 구별된 두 본성을 가지신 하나님이시면서 사람이십니다.[3]

1) 딤전 2:5–6. 2) 요 1:14; 갈 4:4. 3) 롬 9:5; 눅 1:35; 골 2:9; 히 7:24–25.

딤전 2:5–6 하나님은 한 분이시요 또 하나님과 사람 사이에 중보자도 한 분이시니 곧 사람이신 그리스도 예수라 그가 모든 사람을 위하여 자기를 대속물로 주셨으니 기약이 이르러 주신 증거니라

요 1:14 말씀이 육신이 되어 우리 가운데 거하시매 우리가 그의 영광을 보니 아버지의 독생자의 영광이요 은혜와 진리가 충만하더라

갈 4:4 때가 차매 하나님이 그 아들을 보내사 여자에게서 나게 하시고 율법 아래에 나게 하신 것은

롬 9:5 조상들도 그들의 것이요 육신으로 하면 그리스도가 그들에게서 나셨으니 그는 만물 위에 계셔서 세세에 찬양을 받으실 하나님이시니라 아멘

눅 1:35 천사가 대답하여 이르되 성령이 네게 임하시고 지극히 높으신 이의 능력이 너를 덮으시리니 이러므로 나실 바 거룩한 이는 하나님의 아들이라 일컬어지리라

골 2:9 그 안에는 신성의 모든 충만이 육체로 거하시고

히 7:24–25 예수는 영원히 계시므로 그 제사장 직분도 갈리지 아니하느니라 그러므로 자기를 힘입어 하나님께 나아가는 자들을 온전히 구원하실 수 있으니 이는 그가 항상 살아 계셔서 그들을 위하여 간구하심이라

22문답

문. 하나님의 아들이신 그리스도는 어떻게 사람이 되셨습니까?

답. 하나님의 아들이신 그리스도는 참 몸과[1] 이성적인 영혼을 취하셔서 사람이 되셨으며,[2] 성령의 권능으로 동정녀 마리아의 복중에서 잉태되어 나셨으나[3] 죄는 없으십니다.[4]

1) 히 2:14, 16; 히 10:5. 2) 마 26:38. 3) 눅 1:27, 31, 35, 42; 갈 4:4. 4) 히 4:15; 히 7:26.

히 2:14, 16 [14]자녀들은 혈과 육에 속하였으매 그도 또한 같은 모양으로 혈과 육을 함께 지니심은 죽음을 통하여 죽음의 세력을 잡은 자 곧 마귀를 멸하시며 [16]이는 확실히 천사들을 붙들어 주려 하심이 아니요 오직 아브라함의 자손을 붙들어 주려 하심이라

히 10:5 그러므로 주께서 세상에 임하실 때에 이르시되 하나님이 제사와 예물을 원하지 아니하시고 오직 나를 위하여 한 몸을 예비하셨도다

마 26:38 이에 말씀하시되 내 마음이 매우 고민하여 죽게 되었으니 너희는 여기 머물러 나와 함께 깨어 있으라 하시고

눅 1:27, 31, 35, 42 [27]다윗의 자손 요셉이라 하는 사람과 약혼한 처녀에게 이르니 그 처녀의 이름은 마리아라 [31]보라 네가 잉태하여 아들을 낳으리니 그 이름을 예수라 하라 [35]천사가 대답하여 이르되 성령이 네게 임하시고 지극히 높으신 이의 능력이 너를 덮으시리니 이러므로 나실 바 거룩한 이는 하나님의 아들이라 일컬어지리라 [42]큰 소리로 불러 이르되 여자 중에 네가 복이 있으며 네 태중의 아이도 복이 있도다

갈 4:4 때가 차매 하나님이 그 아들을 보내사 여자에게서 나게 하시고 율법 아래에 나게 하신 것은

히 4:15 우리에게 있는 대제사장은 우리의 연약함을 동정하지 못하실 이가 아니요 모든 일에 우리와 똑같이 시험을 받으신 이로되 죄는 없으시니라

히 7:26 이러한 대제사장은 우리에게 합당하니 거룩하고 악이 없고 더러움이 없고 죄인에게서 떠나 계시고 하늘보다 높이 되신 이라

23문답

문. 그리스도께서는 우리의 구속자로서 무슨 직분을 행하십니까?

답. 그리스도께서는 우리의 구속자로서 선지자와 제사장과 왕의 직분을 낮아지시고 높아지신 두 상태에서 행하십니다.[1]

1) 행 3:21-22; 히 12:25; 고후 13:3; 히 5:5-7; 히 7:25; 시 2:6; 사 9:6-7; 마 21:5; 시 2:8-11.

행 3:21-22 하나님이 영원 전부터 거룩한 선지자들의 입을 통하여 말씀하신 바 만물을 회복하실 때까지는 하늘이 마땅히 그를 받아 두리라 모세가 말하되 주 하나님이 너희를 위하여 너희 형제 가운데서 나 같은 선지자 하나를 세울 것이니 너희가 무엇이든지 그의 모든 말을 들을 것이라

히 12:25 너희는 삼가 말씀하신 이를 거역하지 말라 땅에서 경고하신 이를 거역한 그들이 피하지 못하였거든 하물며 하늘로부터 경고하신 이를 배반하는 우리일까보냐

고후 13:3 이는 그리스도께서 내 안에서 말씀하시는 증거를 너희가 구함이니 그는 너희에게 대하여 약하지 않고 도리어 너희 안에서 강하시니라

히 5:5-7 또한 이와 같이 그리스도께서 대제사장 되심도 스스로 영광을 취하심이 아니요 오직 말씀하신 이가 그에게 이르시되 너는 내 아들이니 내가 오늘 너를 낳았다 하셨고 또한 이와 같이 다른 데서 말씀하시되 네가 영원히 멜기세덱의 반차를 따르는 제사장이라 하셨으니 그는 육체에 계실 때에 자기를 죽음에서 능히 구원하실 이에게 심한 통곡과 눈물로 간구와 소원을 올렸고 그의 경건하심으로 말미암아 들으심을 얻었느니라

히 7:25 그러므로 자기를 힘입어 하나님께 나아가는 자들을 온전히 구원하실 수 있으니 이는 그가 항상 살아 계셔서 그들을 위하여 간구하심이라

시 2:6 내가 나의 왕을 내 거룩한 산 시온에 세웠다 하시리로다

사 9:6–7 이는 한 아기가 우리에게 났고 한 아들을 우리에게 주신 바 되었는데 그의 어깨에는 정사를 메었고 그의 이름은 기묘자라, 모사라, 전능하신 하나님이라, 영존하시는 아버지라, 평강의 왕이라 할 것임이라 그 정사와 평강의 더함이 무궁하며 또 다윗의 왕좌와 그의 나라에 군림하여 그 나라를 굳게 세우고 지금 이후로 영원히 정의와 공의로 그것을 보존하실 것이라 만군의 여호와의 열심이 이를 이루시리라

마 21:5 시온 딸에게 이르기를 네 왕이 네게 임하나니 그는 겸손하여 나귀, 곧 멍에 메는 짐승의 새끼를 탔도다 하라 하였느니라

시 2:8–11 내게 구하라 내가 이방 나라를 네 유업으로 주리니 네 소유가 땅 끝까지 이르리로다 네가 철장으로 그들을 깨뜨림이여 질그릇 같이 부수리라 하시도다 그런즉 군왕들아 너희는 지혜를 얻으며 세상의 재판관들아 너희는 교훈을 받을지어다 여호와를 경외함으로 섬기고 떨며 즐거워할지어다

24문답

문. 그리스도께서는 선지자의 직분을 어떻게 행하십니까?

답. 그리스도께서는 우리를 구원하시려는 하나님의 뜻을 그리스도의 말씀과 성령으로 나타내심으로써 선지자의 직분을 행하십니다.[1)]

> 1) 요 1:18; 벧전 1:10–12; 요 15:15; 요 20:31.

요 1:18 본래 하나님을 본 사람이 없으되 아버지 품 속에 있는 독생하신 하나님이 나타내셨느니라

벧전 1:10–12 이 구원에 대하여는 너희에게 임할 은혜를 예언하던 선지자들이 연구하고 부지런히 살펴서 자기 속에 계신 그리스도의 영이 그 받으실 고난과 후에 받으실 영광을 미리 증언하여 누구를 또는 어떠한 때를 지시하시는지 상고하니라 이 섬긴 바가 자기를 위한 것이 아니요 너희를 위한 것임이 계시로 알게 되었으니 이것은 하늘로부터 보내신 성령을 힘입어 복음을 전하는 자들로 이제 너희에게 알린 것이요 천사들도 살펴 보기를 원하는 것이니라

요 15:15 이제부터는 너희를 종이라 하지 아니하리니 종은 주인이 하는 것을 알지 못함이라 너희를 친구라 하였노니 내가 내 아버지께 들은 것을 다 너희에게 알게 하였음이라

요 20:31 오직 이것을 기록함은 너희로 예수께서 하나님의 아들 그리스도이심을 믿게 하려 함이요 또 너희로 믿고 그 이름을 힘입어 생명을 얻게 하려 함이니라

문. 그리스도께서는 제사장의 직분을 어떻게 행하십니까?

답. 그리스도께서는 하나님의 공의를 만족시키시고[1] 우리를 하나님과 화목하게 하시기 위해[2] 자신을 단번에 제물로 드리심으로, 또 우리를 위해 끊임없이 간구하심으로 제사장의 직분을 행하십니다.[3]

1) 히 9:14, 28. 2) 히 2:17. 3) 히 7:24-25.

히 9:14, 28 [14]하물며 영원하신 성령으로 말미암아 흠 없는 자기를 하나님께 드린 그리스도의 피가 어찌 너희 양심을 죽은 행실에서 깨끗하게 하고 살아 계신 하나님을 섬기게 하지 못하겠느냐 [28]이와 같이 그리스도도 많은 사람의 죄를 담당하시려고 단번에 드리신 바 되셨고 구원에 이르게 하기 위하여 죄와 상관 없이 자기를 바라는 자들에게 두 번째 나타나시리라

히 2:17 그러므로 그가 범사에 형제들과 같이 되심이 마땅하도다 이는 하나님의 일에 자비하고 신실한 대제사장이 되어 백성의 죄를 속량하려 하심이라

히 7:24-25 예수는 영원히 계시므로 그 제사장 직분도 갈리지 아니하느니라 그러므로 자기를 힘입어 하나님께 나아가는 자들을 온전히 구원하실 수 있으니 이는 그가 항상 살아 계셔서 그들을 위하여 간구하심이라

26문답

문. 그리스도께서는 왕의 직분을 어떻게 행하십니까?

답. 그리스도께서는 우리를 자신께 복종하게 하시고[1] 우리를 다스리고[2] 보호하시며[3] 그리스도와 우리의 모든 원수를 제어하고 정복하심으로써 왕의 직분을 행하십니다.[4]

　　1) 행 15:14-16. 2) 사 33:22. 3) 사 32:1-2. 4) 고전 15:25.

행 15:14-16　하나님이 처음으로 이방인 중에서 자기 이름을 위할 백성을 취하시려고 그들을 돌보신 것을 시므온이 말하였으니 선지자들의 말씀이 이와 일치하도다 기록된 바 이 후에 내가 돌아와서 다윗의 무너진 장막을 다시 지으며 또 그 허물어진 것을 다시 지어 일으키리니

사 33:22　대저 여호와는 우리 재판장이시요 여호와는 우리에게 율법을 세우신 이요 여호와는 우리의 왕이시니 그가 우리를 구원하실 것임이라

사 32:1-2　보라 장차 한 왕이 공의로 통치할 것이요 방백들이 정의로 다스릴 것이며 또 그 사람은 광풍을 피하는 곳, 폭우를 가리는 곳 같을 것이며 마른 땅에 냇물 같을 것이며 곤비한 땅에 큰 바위 그늘 같으리니

고전 15:25　그가 모든 원수를 그 발 아래에 둘 때까지 반드시 왕 노릇 하시리니

문. 그리스도의 낮아지심은 어떻게 이루어집니까?

답. 그리스도의 낮아지심은 비천한 형편 가운데서 사람으로
태어나신 것,¹⁾ 율법 아래 나신 것,²⁾ 이 세상에서 여러
비참을 겪으신 것,³⁾ 하나님의 진노와,⁴⁾ 십자가에서 저주
받은 죽음을 받으신 것,⁵⁾ 무덤에 묻히신 것,⁶⁾ 얼마 동안
죽음의 권세 아래 머무신 것입니다.⁷⁾

> 1) 눅 2:7. 2) 갈 4:4. 3) 히 12:2–3; 사 53:2–3. 4) 눅 22:44; 마 27:46. 5) 빌
> 2:8. 6) 고전 15:3–4. 7) 행 2:24–27, 31.

눅 2:7 첫아들을 낳아 강보로 싸서 구유에 뉘었으니 이는 여관에 있을 곳이 없음
이러라

갈 4:4 때가 차매 하나님이 그 아들을 보내사 여자에게서 나게 하시고 율법 아래
에 나게 하신 것은

히 12:2–3 믿음의 주요 또 온전하게 하시는 이인 예수를 바라보자 그는 그 앞에
있는 기쁨을 위하여 십자가를 참으사 부끄러움을 개의치 아니하시더니 하나님
보좌 우편에 앉으셨느니라 너희가 피곤하여 낙심하지 않기 위하여 죄인들이 이
같이 자기에게 거역한 일을 참으신 이를 생각하라

사 53:2–3 그는 주 앞에서 자라나기를 연한 순 같고 마른 땅에서 나온 뿌리 같아
서 고운 모양도 없고 풍채도 없은즉 우리가 보기에 흠모할 만한 아름다운 것이 없
도다 그는 멸시를 받아 사람들에게 버림 받았으며 간고를 많이 겪었으며 질고를
아는 자라 마치 사람들이 그에게서 얼굴을 가리는 것 같이 멸시를 당하였고 우리
도 그를 귀히 여기지 아니하였도다

눅 22:44 예수께서 힘쓰고 애써 더욱 간절히 기도하시니 땀이 땅에 떨어지는 핏
방울 같이 되더라

마 27:46 제구시쯤에 예수께서 크게 소리 질러 이르시되 엘리 엘리 라마 사박다

니 하시니 이는 곧 나의 하나님, 나의 하나님, 어찌하여 나를 버리셨나이까 하는 뜻이라

빌 2:8 사람의 모양으로 나타나사 자기를 낮추시고 죽기까지 복종하셨으니 곧 십자가에 죽으심이라

고전 15:3–4 내가 받은 것을 먼저 너희에게 전하였노니 이는 성경대로 그리스도께서 우리 죄를 위하여 죽으시고 장사 지낸 바 되셨다가 성경대로 사흘 만에 다시 살아나사

행 2:24–27, 31 [24-27]하나님께서 그를 사망의 고통에서 풀어 살리셨으니 이는 그가 사망에 매여 있을 수 없었음이라 다윗이 그를 가리켜 이르되 내가 항상 내 앞에 계신 주를 뵈었음이여 나로 요동하지 않게 하기 위하여 그가 내 우편에 계시도다 그러므로 내 마음이 기뻐하였고 내 혀도 즐거워하였으며 육체도 희망에 거하리니 이는 내 영혼을 음부에 버리지 아니하시며 주의 거룩한 자로 썩음을 당하지 않게 하실 것임이로다 [31]미리 본 고로 그리스도의 부활을 말하되 그가 음부에 버림이 되지 않고 그의 육신이 썩음을 당하지 아니하시리라 하더니

28문답

문. 그리스도의 높아지심은 어떻게 이루어집니까?

답. 그리스도의 높아지심은 사흘 만에 죽은 자 가운데서 다시 살아나신 것,[1] 하늘로 오르신 것,[2] 하나님 아버지 우편에 앉아 계신 것,[3] 마지막 날에 세상을 심판하기 위해 오시는 것입니다.[4]

1) 고전 15:4. 2) 막 16:19. 3) 엡 1:20. 4) 행 1:11; 행 17:31.

고전 15:4 장사 지낸 바 되셨다가 성경대로 사흘 만에 다시 살아나사

막 16:19 주 예수께서 말씀을 마치신 후에 하늘로 올려지사 하나님 우편에 앉으시니라

엡 1:20 그의 능력이 그리스도 안에서 역사하사 죽은 자들 가운데서 다시 살리시고 하늘에서 자기의 오른편에 앉히사

행 1:11 이르되 갈릴리 사람들아 어찌하여 서서 하늘을 쳐다보느냐 너희 가운데서 하늘로 올려지신 이 예수는 하늘로 가심을 본 그대로 오시리라 하였느니라

행 17:31 이는 정하신 사람으로 하여금 천하를 공의로 심판할 날을 작정하시고 이에 그를 죽은 자 가운데서 다시 살리신 것으로 모든 사람에게 믿을 만한 증거를 주셨음이니라 하니라

문. 우리는 그리스도께서 값 주고 사신 구속에 어떻게 참여
하게 됩니까?

답. 그리스도의 성령께서2) 그리스도께서 값 주고 사신 구속을
우리에게 효과적으로 적용해 주심으로 말미암아1) 우리는
그리스도께서 값 주고 사신 구속에 참여하게 됩니다.

1) 요 1:11-12. 2) 딛 3:5-6.

요 1:11-12 자기 땅에 오매 자기 백성이 영접하지 아니하였으나 영접하는 자 곧
그 이름을 믿는 자들에게는 하나님의 자녀가 되는 권세를 주셨으니

딛 3:5-6 우리를 구원하시되 우리가 행한 바 의로운 행위로 말미암지 아니하고
오직 그의 긍휼하심을 따라 중생의 씻음과 성령의 새롭게 하심으로 하셨나니 우
리 구주 예수 그리스도로 말미암아 우리에게 그 성령을 풍성히 부어 주사

30문답

문. 성령님께서는 그리스도께서 값 주고 사신 구속을 우리에게 어떻게 적용하십니까?

답. 성령님께서는 효과적인 부르심으로 우리 안에 믿음을 일으키셔서[1] 우리를 그리스도와 연합하게 하심으로 그리스도께서 값 주고 사신 구속을 우리에게 적용하십니다.[2]

1) 엡 1:13–14; 요 6:37, 39; 엡 2:8. 2) 엡 3:17; 고전 1:9.

엡 1:13–14 그 안에서 너희도 진리의 말씀 곧 너희의 구원의 복음을 듣고 그 안에서 또한 믿어 약속의 성령으로 인치심을 받았으니 이는 우리 기업의 보증이 되사 그 얻으신 것을 속량하시고 그의 영광을 찬송하게 하려 하심이라

요 6:37, 39 [37]아버지께서 내게 주시는 자는 다 내게로 올 것이요 내게 오는 자는 내가 결코 내쫓지 아니하리라 [39]나를 보내신 이의 뜻은 내게 주신 자 중에 내가 하나도 잃어버리지 아니하고 마지막 날에 다시 살리는 이것이니라

엡 2:8 너희는 그 은혜에 의하여 믿음으로 말미암아 구원을 받았으니 이것은 너희에게서 난 것이 아니요 하나님의 선물이라

엡 3:17 믿음으로 말미암아 그리스도께서 너희 마음에 계시게 하시옵고 너희가 사랑 가운데서 뿌리가 박히고 터가 굳어져서

고전 1:9 너희를 불러 그의 아들 예수 그리스도 우리 주와 더불어 교제하게 하시는 하나님은 미쁘시도다

31문답

문. 효과적인 부르심이란 무엇입니까?

답. 효과적인 부르심이란 하나님의 영께서 하시는 일로¹⁾ 우리의 죄와 비참을 깨닫게 하시고,²⁾ 우리의 지성을 밝혀 그리스도를 알게 하시고,³⁾ 우리의 의지를 새롭게 하셔서,⁴⁾ 복음 안에서 우리에게 값없이 제안된⁶⁾ 예수 그리스도를 영접하도록 우리를 설득하시고 믿게 하시는 것입니다.⁵⁾

1) 딤후 1:9; 살후 2:13-14. 2) 행 2:37. 3) 행 26:18. 4) 겔 36:26-27. 5) 요 6:44-45. 6) 빌 2:13.

딤후 1:9 하나님이 우리를 구원하사 거룩하신 소명으로 부르심은 우리의 행위대로 하심이 아니요 오직 자기의 뜻과 영원 전부터 그리스도 예수 안에서 우리에게 주신 은혜대로 하심이라

살후 2:13-14 주께서 사랑하시는 형제들아 우리가 항상 너희에 관하여 마땅히 하나님께 감사할 것은 하나님이 처음부터 너희를 택하사 성령의 거룩하게 하심과 진리를 믿음으로 구원을 받게 하심이니 이를 위하여 우리의 복음으로 너희를 부르사 우리 주 예수 그리스도의 영광을 얻게 하려 하심이니라

행 2:37 그들이 이 말을 듣고 마음에 찔려 베드로와 다른 사도들에게 물어 이르되 형제들아 우리가 어찌할꼬 하거늘

행 26:18 그 눈을 뜨게 하여 어둠에서 빛으로, 사탄의 권세에서 하나님께로 돌아오게 하고 죄 사함과 나를 믿어 거룩하게 된 무리 가운데서 기업을 얻게 하리라 하더이다

겔 36:26-27 또 새 영을 너희 속에 두고 새 마음을 너희에게 주되 너희 육신에서 굳은 마음을 제거하고 부드러운 마음을 줄 것이며 또 내 영을 너희 속에 두어 너희로 내 율례를 행하게 하리니 너희가 내 규례를 지켜 행할지라

요 6:44-45 나를 보내신 아버지께서 이끌지 아니하시면 아무도 내게 올 수 없으

니 오는 그를 내가 마지막 날에 다시 살리리라 선지자의 글에 그들이 다 하나님의 가르치심을 받으리라 기록되었은즉 아버지께 듣고 배운 사람마다 내게로 오느니라

빌 2:13 너희 안에서 행하시는 이는 하나님이시니 자기의 기쁘신 뜻을 위하여 너희에게 소원을 두고 행하게 하시나니

32문답

문. 효과적인 부르심을 받은 자들은 이 세상에서 어떤 혜택을 받습니까?

답. 효과적인 부르심을 받은 자들은 이 세상에서 의롭다 하심을 받고(칭의)[1] 양자가 되며(양자됨),[2] 점점 거룩하게 됩니다(성화). 또 이것들과 함께 오거나, 이것들에서 나오는 다른 여러 혜택들도 받습니다.[3]

1) 롬 8:30. 2) 엡 1:5. 3) 고전 1:26, 30.

롬 8:30 또 미리 정하신 그들을 또한 부르시고 부르신 그들을 또한 의롭다 하시고 의롭다 하신 그들을 또한 영화롭게 하셨느니라

엡 1:5 그 기쁘신 뜻대로 우리를 예정하사 예수 그리스도로 말미암아 자기의 아들들이 되게 하셨으니

고전 1:26, 30 [26]형제들아 너희를 부르심을 보라 육체를 따라 지혜로운 자가 많지 아니하며 능한 자가 많지 아니하며 문벌 좋은 자가 많지 아니하도다 [30]너희는 하나님으로부터 나서 그리스도 예수 안에 있고 예수는 하나님으로부터 나와서 우리에게 지혜와 의로움과 거룩함과 구원함이 되셨으니

33문답

문. 의롭다 하심(칭의)이란 무엇입니까?

답. 의롭다 하심(칭의)이란 하나님께서 값없이 주시는 은혜의 행위로, 오직 그리스도의 의가 우리의 의가 되게 하심으로[3] 하나님께서 우리의 모든 죄를 사하시고[1] 하나님 앞에서 우리를 의롭다고 여겨주심으로써 받아주시는 것입니다. [2] 의롭다 하심은 오직 믿음으로만 받습니다. [4]

> 1) 롬 3:24–25; 롬 4:6–8. 2) 고후 5:19, 21. 3) 롬 5:17–19. 4) 갈 2:16; 빌 3:9.

롬 3:24–25 그리스도 예수 안에 있는 속량으로 말미암아 하나님의 은혜로 값 없이 의롭다 하심을 얻은 자 되었느니라 이 예수를 하나님이 그의 피로써 믿음으로 말미암는 화목제물로 세우셨으니 이는 하나님께서 길이 참으시는 중에 전에 지은 죄를 간과하심으로 자기의 의로우심을 나타내려 하심이니

롬 4:6–8 일한 것이 없이 하나님께 의로 여기심을 받는 사람의 복에 대하여 다윗이 말한 바 불법이 사함을 받고 죄가 가리어짐을 받는 사람들은 복이 있고 주께서 그 죄를 인정하지 아니하실 사람은 복이 있도다 함과 같으니라

고후 5:19, 21 [19]곧 하나님께서 그리스도 안에 계시사 세상을 자기와 화목하게 하시며 그들의 죄를 그들에게 돌리지 아니하시고 화목하게 하는 말씀을 우리에게 부탁하셨느니라 [21]하나님이 죄를 알지도 못하신 이를 우리를 대신하여 죄로 삼으신 것은 우리로 하여금 그 안에서 하나님의 의가 되게 하려 하심이라

롬 5:17–19 한 사람의 범죄로 말미암아 사망이 그 한 사람을 통하여 왕 노릇 하였은즉 더욱 은혜와 의의 선물을 넘치게 받는 자들은 한 분 예수 그리스도를 통하여 생명 안에서 왕 노릇 하리로다 그런즉 한 범죄로 많은 사람이 정죄에 이른 것 같이 한 의로운 행위로 말미암아 많은 사람이 의롭다 하심을 받아 생명에 이르렀느니라 한 사람이 순종하지 아니함으로 많은 사람이 죄인 된 것 같이 한 사람이 순

종하심으로 많은 사람이 의인이 되리라

갈 2:16 사람이 의롭게 되는 것은 율법의 행위로 말미암음이 아니요 오직 예수 그리스도를 믿음으로 말미암는 줄 알므로 우리도 그리스도 예수를 믿나니 이는 우리가 율법의 행위로써가 아니고 그리스도를 믿음으로써 의롭다 함을 얻으려 함이라 율법의 행위로써는 의롭다 함을 얻을 육체가 없느니라

빌 3:9 그 안에서 발견되려 함이니 내가 가진 의는 율법에서 난 것이 아니요 오직 그리스도를 믿음으로 말미암은 것이니 곧 믿음으로 하나님께로부터 난 의라

34문답

문. 양자됨이란 무엇입니까?

답. 양자됨은 하나님께서 값없이 주시는 은혜의 행위로,[1] 우리를 하나님 자녀의 수에 들게 하셔서 우리가 하나님 자녀로서의 모든 특권을 누리게 하시는 것입니다.[2]

> 1) 요일 3:1. 2) 요 1:12; 롬 8:17.

요일 3:1 보라 아버지께서 어떠한 사랑을 우리에게 베푸사 하나님의 자녀라 일컬음을 받게 하셨는가, 우리가 그러하도다 그러므로 세상이 우리를 알지 못함은 그를 알지 못함이라

요 1:12 영접하는 자 곧 그 이름을 믿는 자들에게는 하나님의 자녀가 되는 권세를 주셨으니

롬 8:17 자녀이면 또한 상속자 곧 하나님의 상속자요 그리스도와 함께 한 상속자니 우리가 그와 함께 영광을 받기 위하여 고난도 함께 받아야 할 것이니라

35문답

문. 점점 거룩하게 됨(성화)은 무엇입니까?

답. 점점 거룩하게 됨(성화)은 하나님께서 값없이 주시는 은혜의 일로,[1] 하나님의 형상대로 우리의 전 인격이 새롭게 되고[2] 죄에 대하여는 점점 더 죽고, 의에 대하여는 점점 더 살게 하시는 것입니다.[3]

1) 살후 2:13. 2) 엡 4:23~24. 3) 롬 6:4, 6; 롬 8:1.

살후 2:13 주께서 사랑하시는 형제들아 우리가 항상 너희에 관하여 마땅히 하나님께 감사할 것은 하나님이 처음부터 너희를 택하사 성령의 거룩하게 하심과 진리를 믿음으로 구원을 받게 하심이니

엡 4:23~24 오직 너희의 심령이 새롭게 되어 하나님을 따라 의와 진리의 거룩함으로 지으심을 받은 새 사람을 입으라

롬 6:4, 6 ⁴그러므로 우리가 그의 죽으심과 합하여 세례를 받음으로 그와 함께 장사되었나니 이는 아버지의 영광으로 말미암아 그리스도를 죽은 자 가운데서 살리심과 같이 우리로 또한 새 생명 가운데서 행하게 하려 함이라 ⁶우리가 알거니와 우리의 옛 사람이 예수와 함께 십자가에 못 박힌 것은 죄의 몸이 죽어 다시는 우리가 죄에게 종 노릇 하지 아니하려 함이니

롬 8:1(KJV 본문은 다음과 같습니다: There is therefore now no condemnation to them which are in Christ Jesus, who walk not after the flesh, but after the Spirit.).
그러므로 이제 그리스도 예수 안에 있는 자에게는 결코 정죄함이 없나니

36문답

문. 의롭다 하심, 양자됨, 점점 거룩하게 됨과 함께 오거나 여기서 나오는 이 세상에서의 혜택들은 무엇입니까?

답. 의롭다 하심, 양자됨, 점점 거룩하게 됨과 함께 오거나 여기서 나오는 이 세상에서의 혜택들은 하나님의 사랑을 확신하는 것, 양심이 하나님과 화평을 누리는 것,[1] 성령 안에서의 기쁨,[2] 은혜의 증가,[3] 은혜 가운데서 끝까지 인내하는 것입니다.[4]

1) 롬 5:1~2, 5. 2) 롬 14:17. 3) 잠 4:18. 4) 요일 5:13; 벧전 1:5.

롬 5:1~2, 5 [2]그러므로 우리가 믿음으로 의롭다 하심을 받았으니 우리 주 예수 그리스도로 말미암아 하나님과 화평을 누리자 또한 그로 말미암아 우리가 믿음으로 서 있는 이 은혜에 들어감을 얻었으며 하나님의 영광을 바라고 즐거워하느니라 [5]소망이 우리를 부끄럽게 하지 아니함은 우리에게 주신 성령으로 말미암아 하나님의 사랑이 우리 마음에 부은 바 됨이니

롬 14:17 하나님의 나라는 먹는 것과 마시는 것이 아니요 오직 성령 안에 있는 의와 평강과 희락이라

잠 4:18 의인의 길은 돋는 햇살 같아서 크게 빛나 한낮의 광명에 이르거니와

요일 5:13 내가 하나님의 아들의 이름을 믿는 너희에게 이것을 쓰는 것은 너희로 하여금 너희에게 영생이 있음을 알게 하려 함이라

벧전 1:5 너희는 말세에 나타내기로 예비하신 구원을 얻기 위하여 믿음으로 말미암아 하나님의 능력으로 보호하심을 받았느니라

37문답

문. 신자가 죽을 때 그리스도에게서 받는 혜택은 무엇입니까?

답. 신자가 죽을 때 그의 영혼은 완전히 거룩하게 되고,[1] 즉시 영광 중에 들어갑니다.[2] 그의 몸은 여전히 그리스도께 연합되어서[3] 부활할 때까지[5] 무덤에서 쉽니다.[4]

1) 히 12:23. 2) 고후 5:1, 6, 8; 빌 1:23; 눅 23:43. 3) 살전 4:14. 4) 사 57:2. 5) 욥 19:26–27.

히 12:23 하늘에 기록된 장자들의 모임과 교회와 만민의 심판자이신 하나님과 및 온전하게 된 의인의 영들과

고후 5:1, 6, 8 ¹만일 땅에 있는 우리의 장막 집이 무너지면 하나님께서 지으신 집 곧 손으로 지은 것이 아니요 하늘에 있는 영원한 집이 우리에게 있는 줄 아느니라 ⁶그러므로 우리가 항상 담대하여 몸으로 있을 때에는 주와 따로 있는 줄을 아노니 ⁸우리가 담대하여 원하는 바는 차라리 몸을 떠나 주와 함께 있는 그것이라

빌 1:23 내가 그 둘 사이에 끼었으니 차라리 세상을 떠나서 그리스도와 함께 있는 것이 훨씬 더 좋은 일이라 그렇게 하고 싶으나

눅 23:43 예수께서 이르시되 내가 진실로 네게 이르노니 오늘 네가 나와 함께 낙원에 있으리라 하시니라

살전 4:14 우리가 예수께서 죽으셨다가 다시 살아나심을 믿을진대 이와 같이 예수 안에서 자는 자들도 하나님이 그와 함께 데리고 오시리라

사 57:2 그들은 평안에 들어갔나니 바른 길로 가는 자들은 그들의 침상에서 편히 쉬리라

욥 19:26–27 내 가죽이 벗김을 당한 뒤에도 내가 육체 밖에서 하나님을 보리라 내가 그를 보리니 내 눈으로 그를 보기를 낯선 사람처럼 하지 않을 것이라 내 마음이 초조하구나

38문답

문. 신자가 부활할 때 그리스도에게서 받는 혜택은 무엇입니까?

답. 부활할 때 신자는 영광 중에 일으킴을 받고,[1] 심판 날에 공개적으로 인정받고 무죄 선고를 받으며,[2] 영원토록[4] 하나님을 온전히 즐거워하는 완전한 복을 누리게 됩니다.[3]

1) 고전 15:43. 2) 마 25:23; 마 10:32. 3) 요일 3:2; 고전 13:12. 4) 살전 4:17-18.

고전 15:43 욕된 것으로 심고 영광스러운 것으로 다시 살아나며 약한 것으로 심고 강한 것으로 다시 살아나며

마 25:23 그 주인이 이르되 잘하였도다 착하고 충성된 종아 네가 적은 일에 충성하였으매 내가 많은 것을 네게 맡기리니 네 주인의 즐거움에 참여할지어다 하고

마 10:32 누구든지 사람 앞에서 나를 시인하면 나도 하늘에 계신 내 아버지 앞에서 그를 시인할 것이요

요일 3:2 사랑하는 자들아 우리가 지금은 하나님의 자녀라 장래에 어떻게 될지는 아직 나타나지 아니하였으나 그가 나타나시면 우리가 그와 같을 줄을 아는 것은 그의 참모습 그대로 볼 것이기 때문이니

고전 13:12 우리가 지금은 거울로 보는 것 같이 희미하나 그 때에는 얼굴과 얼굴을 대하여 볼 것이요 지금은 내가 부분적으로 아나 그 때에는 주께서 나를 아신 것 같이 내가 온전히 알리라

살전 4:17-18 그 후에 우리 살아 남은 자들도 그들과 함께 구름 속으로 끌어 올려 공중에서 주를 영접하게 하시리니 그리하여 우리가 항상 주와 함께 있으리라 그러므로 이러한 말로 서로 위로하라

39문답

문. 하나님께서 사람에게 요구하시는 의무는 무엇입니까?

답. 하나님께서 사람에게 요구하시는 의무는 나타내 보이신 하나님의 뜻에 순종하는 것입니다.[1]

> 1) 미 6:8; 삼상 15:22.

미 6:8 사람아 주께서 선한 것이 무엇임을 네게 보이셨나니 여호와께서 네게 구하시는 것은 오직 정의를 행하며 인자를 사랑하며 겸손하게 네 하나님과 함께 행하는 것이 아니냐

삼상 15:22 사무엘이 이르되 여호와께서 번제와 다른 제사를 그의 목소리를 청종하는 것을 좋아하심 같이 좋아하시겠나이까 순종이 제사보다 낫고 듣는 것이 숫양의 기름보다 나으니

40문답

문. 하나님께서 사람의 순종을 위해 처음 나타내 보이신 것은 무엇입니까?

답. 하나님께서 사람의 순종을 위해 처음 나타내 보이신 것은 도덕법입니다.[1]

> 1) 롬 2:14–15; 롬 10:5.

롬 2:14–15 (율법 없는 이방인이 본성으로 율법의 일을 행할 때에는 이 사람은 율법이 없어도 자기가 자기에게 율법이 되나니 이런 이들은 그 양심이 증거가 되어 그 생각들이 서로 혹은 고발하며 혹은 변명하여 그 마음에 새긴 율법의 행위를 나타내느니라)

롬 10:5 모세가 기록하되 율법으로 말미암는 의를 행하는 사람은 그 의로 살리라 하였거니와

41문답

문. 도덕법은 어디에 요약되어 있습니까?

답. 도덕법은 십계명에 요약되어 있습니다.[1]

> 1) 신 10:4; 마 19:17.

신 10:4 여호와께서 그 총회 날에 산 위 불 가운데에서 너희에게 이르신 십계명을 처음과 같이 그 판에 쓰시고 그것을 내게 주시기로

마 19:17 예수께서 이르시되 어찌하여 선한 일을 내게 묻느냐 선한 이는 오직 한 분이시니라 네가 생명에 들어 가려면 계명들을 지키라

42문답

문. 십계명의 요약은 무엇입니까?

답. 십계명의 요약은 우리의 마음을 다하고 목숨을 다하고 힘을 다하고 뜻을 다하여 주 우리 하나님을 사랑하는 것과 우리 이웃을 우리 자신과 같이 사랑하는 것입니다.[1]

> 1) 마 22:37-40.

마 22:37-40 예수께서 이르시되 네 마음을 다하고 목숨을 다하고 뜻을 다하여 주 너의 하나님을 사랑하라 하셨으니 이것이 크고 첫째 되는 계명이요 둘째도 그와 같으니 네 이웃을 네 자신 같이 사랑하라 하셨으니 이 두 계명이 온 율법과 선지자의 강령이니라

43문답

문. 십계명의 머리말은 무엇입니까?

답. 십계명의 머리말은 "나는 너를 애굽 땅, 종 되었던 집에서 인도하여 낸 네 하나님 여호와니라."입니다.[1]

1) 출 20:2.

출 20:2 나는 너를 애굽 땅, 종 되었던 집에서 인도하여 낸 네 하나님 여호와니라

44문답

문. 십계명의 머리말이 우리에게 가르쳐 주는 것은 무엇입니까?

답. 십계명의 머리말이 우리에게 가르쳐 주는 것은 하나님께서 주이시고, 우리 하나님이시며, 구속자이시므로 우리가 하나님의 모든 계명을 마땅히 지켜야 한다는 것입니다.[1]

1) 눅 1:74-75; 벧전 1:15-19.

눅 1:74-75 우리가 원수의 손에서 건지심을 받고 종신토록 주의 앞에서 성결과 의로 두려움이 없이 섬기게 하리라 하셨도다

벧전 1:15-19 오직 너희를 부르신 거룩한 이처럼 너희도 모든 행실에 거룩한 자가 되라 기록되었으되 내가 거룩하니 너희도 거룩할지어다 하셨느니라 외모로 보시지 않고 각 사람의 행위대로 심판하시는 이를 너희가 아버지라 부른즉 너희가 나그네로 있을 때를 두려움으로 지내라 너희가 알거니와 너희 조상이 물려 준 헛된 행실에서 대속함을 받은 것은 은이나 금 같이 없어질 것으로 된 것이 아니요 오직 흠 없고 점 없는 어린 양 같은 그리스도의 보배로운 피로 된 것이니라

45문답

문. 제1계명은 무엇입니까?

답. 제1계명은 "너는 나 외에는 다른 신들을 네게 두지 말라."입니다.[1]

1) 출 20:3.

출 20:3 너는 나 외에는 다른 신들을 네게 두지 말라

46문답

문. 제1계명에서 요구하시는 것은 무엇입니까?

답. 제1계명에서 우리에게 요구하시는 것은 하나님을 유일하신 참 하나님과 우리 하나님으로 알고 인정하는 것과[1] 이에 합당하게 하나님을 예배하고 영화롭게 하는 것입니다.[2]

1) 대상 28:9; 신 26:17. 2) 마 4:10; 시 29:2.

대상 28:9 내 아들 솔로몬아 너는 네 아버지의 하나님을 알고 온전한 마음과 기쁜 뜻으로 섬길지어다 여호와께서는 모든 마음을 감찰하사 모든 의도를 아시나니 네가 만일 그를 찾으면 만날 것이요 만일 네가 그를 버리면 그가 너를 영원히 버리시리라

신 26:17 네가 오늘 여호와를 네 하나님으로 인정하고 또 그 도를 행하고 그의 규례와 명령과 법도를 지키며 그의 소리를 들으라

마 4:10 이에 예수께서 말씀하시되 사탄아 물러가라 기록되었으되 주 너의 하나님께 경배하고 다만 그를 섬기라 하였느니라

시 29:2 여호와께 그의 이름에 합당한 영광을 돌리며 거룩한 옷을 입고 여호와께 예배할지어다

47문답

문. 제1계명에서 금지하시는 것은 무엇입니까?

답. 제1계명에서 금지하시는 것은 참 하나님을 하나님이시요,[2] 우리 하나님으로[3] 인정하지 않거나[1] 예배하지 않거나 영화롭게 하지 않는 것입니다. 또한 오직 하나님께서만 받으시기에 합당한 예배와 영광을 다른 자에게 돌리는 것입니다.[4]

1) 시 14:1. 2) 롬 1:21. 3) 시 81:10-11. 4) 롬 1:25-26.

시 14:1 어리석은 자는 그의 마음에 이르기를 하나님이 없다 하는도다 그들은 부패하고 그 행실이 가증하니 선을 행하는 자가 없도다

롬 1:21 하나님을 알되 하나님을 영화롭게도 아니하며 감사하지도 아니하고 오히려 그 생각이 허망하여지며 미련한 마음이 어두워졌나니

시 81:10-11 나는 너를 애굽 땅에서 인도하여 낸 여호와 네 하나님이니 네 입을 크게 열라 내가 채우리라 하였으나 내 백성이 내 소리를 듣지 아니하며 이스라엘이 나를 원하지 아니하였도다

롬 1:25-26 이는 그들이 하나님의 진리를 거짓 것으로 바꾸어 피조물을 조물주보다 더 경배하고 섬김이라 주는 곧 영원히 찬송할 이시로다 아멘 이 때문에 하나님께서 그들을 부끄러운 욕심에 내버려 두셨으니 곧 그들의 여자들도 순리대로 쓸 것을 바꾸어 역리로 쓰며

48문답

문. 제1계명에서 '나 외에는'이라는 말씀이 우리에게 특별히
가르치는 것은 무엇입니까?

답. 제1계명에서 '나 외에는'이라는 말씀이 우리에게 특별히
가르치는 것은 모든 것을 보시는 하나님께서 우리가 하
나님 외에 다른 어떤 신을 섬기는 죄를 주목하시고 매우
노여워하신다는 것입니다.[1]

1) 겔 8:5-6; 시 44:20-21.

겔 8:5-6 그가 내게 이르시되 인자야 이제 너는 눈을 들어 북쪽을 바라보라 하시
기로 내가 눈을 들어 북쪽을 바라보니 제단문 어귀 북쪽에 그 질투의 우상이 있더
라 그가 또 내게 이르시되 인자야 이스라엘 족속이 행하는 일을 보느냐 그들이 여
기에서 크게 가증한 일을 행하여 나로 내 성소를 멀리 떠나게 하느냐 너는 다시
다른 큰 가증한 일을 보리라 하시더라

시 44:20-21 우리가 우리 하나님의 이름을 잊어버렸거나 우리 손을 이방 신에게
향하여 폈더면 하나님이 이를 알아내지 아니하셨으리이까 무릇 주는 마음의 비
밀을 아시나이다

49문답

문. 제2계명은 무엇입니까?

답. 제2계명은 "너를 위하여 새긴 우상을 만들지 말고 또 위로 하늘에 있는 것이나 아래로 땅에 있는 것이나 땅 아래물 속에 있는 것의 어떤 형상도 만들지 말며 그것들에게 절하지 말며 그것들을 섬기지 말라 나 네 하나님 여호와는 질투하는 하나님인즉 나를 미워하는 자의 죄를 갚되아버지로부터 아들에게로 삼사 대까지 이르게 하거니와나를 사랑하고 내 계명을 지키는 자에게는 천 대까지 은혜를 베푸느니라."입니다.[1]

1) 출 20:4-6.

출 20:4-6 너를 위하여 새긴 우상을 만들지 말고 또 위로 하늘에 있는 것이나 아래로 땅에 있는 것이나 땅 아래 물 속에 있는 것의 어떤 형상도 만들지 말며 그것들에게 절하지 말며 그것들을 섬기지 말라 나 네 하나님 여호와는 질투하는 하나님인즉 나를 미워하는 자의 죄를 갚되 아버지로부터 아들에게로 삼사 대까지 이르게 하거니와 나를 사랑하고 내 계명을 지키는 자에게는 천 대까지 은혜를 베푸느니라

문. 제2계명에서 요구하시는 것은 무엇입니까?

답. 제2계명에서 요구하시는 것은 하나님께서 하나님의 말
씀으로 정하신 모든 종교적 예배와 규례를 받아들이고
따르며 순수하고 온전하게 지키라는 것입니다.[1]

1) 신 32:46; 마 28:20; 행 2:42.

신 32:46 그들에게 이르되 내가 오늘 너희에게 증언한 모든 말을 너희의 마음에
두고 너희의 자녀에게 명령하여 이 율법의 모든 말씀을 지켜 행하게 하라

마 28:20 내가 너희에게 분부한 모든 것을 가르쳐 지키게 하라 볼지어다 내가 세
상 끝날까지 너희와 항상 함께 있으리라 하시니라

행 2:42 그들이 사도의 가르침을 받아 서로 교제하고 떡을 떼며 오로지 기도하기
를 힘쓰니라

51문답

문. 제2계명에서 금지하시는 것은 무엇입니까?

답. 제2계명에서 금지하시는 것은 어떤 형상을 만들어 하나님을 예배하거나[1] 하나님의 말씀으로 정하여 주신 것이 아닌 다른 어떤 방법으로 예배하는 것입니다.[2]

1) 신 4:15-19; 출 32:5, 8. 2) 신 12:31-32.

신 4:15-19 여호와께서 호렙 산 불길 중에서 너희에게 말씀하시던 날에 너희가 어떤 형상도 보지 못하였은즉 너희는 깊이 삼가라 그리하여 스스로 부패하여 자기를 위해 어떤 형상대로든지 우상을 새겨 만들지 말라 남자의 형상이든지, 여자의 형상이든지, 땅 위에 있는 어떤 짐승의 형상이든지, 하늘을 나는 날개 가진 어떤 새의 형상이든지, 땅 위에 기는 어떤 곤충의 형상이든지, 땅 아래 물 속에 있는 어떤 어족의 형상이든지 만들지 말라 또 그리하여 네가 하늘을 향하여 눈을 들어 해와 달과 별들, 하늘 위의 모든 천체 곧 너희의 하나님 여호와께서 천하 만민을 위하여 배정하신 것을 보고 미혹하여 그것에 경배하며 섬기지 말라

출 32:5, 8 ⁵아론이 보고 그 앞에 제단을 쌓고 이에 아론이 공포하여 이르되 내일은 여호와의 절일이니라 하니 ⁸그들이 내가 그들에게 명령한 길을 속히 떠나 자기를 위하여 송아지를 부어 만들고 그것을 예배하며 그것에게 제물을 드리며 말하기를 이스라엘아 이는 너희를 애굽 땅에서 인도하여 낸 너희 신이라 하였도다

신 12:31-32 네 하나님 여호와께는 네가 그와 같이 행하지 못할 것이라 그들은 여호와께서 꺼리시며 가증히 여기시는 일을 그들의 신들에게 행하여 심지어 자기들의 자녀를 불살라 그들의 신들에게 드렸느니라 내가 너희에게 명령하는 이 모든 말을 너희는 지켜 행하고 그것에 가감하지 말지니라

52문답

문. 제2계명을 더 잘 지키게 하기 위해 더해진 내용은 무엇입니까?

답. 제2계명을 더 잘 지키게 하기 위해 더해진 내용은, 우리를 다스리시는 하나님의 주권과[1] 우리에 대한 하나님의 소유권,[2] 그리고 하나님만이 받으셔야 하는 예배에 대한 하나님의 열심입니다.[3]

1) 시 95:2-3, 6. 2) 시 45:11. 3) 출 34:13-14.

시 95:2-3, 6 [3]우리가 감사함으로 그 앞에 나아가며 시를 지어 즐거이 그를 노래하자 여호와는 크신 하나님이시요 모든 신들보다 크신 왕이시기 때문이로다 [6]오라 우리가 굽혀 경배하며 우리를 지으신 여호와 앞에 무릎을 꿇자

시 45:11 그리하면 왕이 네 아름다움을 사모하실지라 그는 네 주인이시니 너는 그를 경배할지어다

출 34:13-14 너희는 도리어 그들의 제단들을 헐고 그들의 주상을 깨뜨리고 그들의 아세라 상을 찍을지어다 너는 다른 신에게 절하지 말라 여호와는 질투라 이름하는 질투의 하나님임이니라

문. 제3계명은 무엇입니까?

답. 제3계명은 "너는 네 하나님 여호와의 이름을 망령되게 부르지 말라 여호와는 그의 이름을 망령되게 부르는 자를 죄 없다 하지 아니하리라."입니다.[1]

> 1) 출 20:7.

출 20:7 너는 네 하나님 여호와의 이름을 망령되게 부르지 말라 여호와는 그의 이름을 망령되게 부르는 자를 죄 없다 하지 아니하리라

문. 제3계명에서 요구하시는 것은 무엇입니까?

답. 제3계명에서 요구하시는 것은 하나님의 이름과[1] 칭호와[2] 속성과[3] 규례와[4] 말씀과[5] 일을[6] 거룩하게, 경건하게 사용하는 것입니다.

> 1) 마 6:9; 신 28:58. 2) 시 68:4. 3) 계 15:3-4. 4) 말 1:11, 14. 5) 시 138:1-2.
> 6) 욥 36:24.

마 6:9 그러므로 너희는 이렇게 기도하라 하늘에 계신 우리 아버지여 이름이 거룩히 여김을 받으시오며

신 28:58 네가 만일 이 책에 기록한 이 율법의 모든 말씀을 지켜 행하지 아니하고 네 하나님 여호와라 하는 영화롭고 두려운 이름을 경외하지 아니하면

시 68:4 하나님께 노래하며 그의 이름을 찬양하라 하늘을 타고 광야에 행하시

던 이를 위하여 대로를 수축하라 그의 이름은 여호와이시니 그의 앞에서 뛰놀지어다

계 15:3-4 하나님의 종 모세의 노래, 어린 양의 노래를 불러 이르되 주 하나님 곧 전능하신 이시여 하시는 일이 크고 놀라우시도다 만국의 왕이시여 주의 길이 의롭고 참되시도다 주여 누가 주의 이름을 두려워하지 아니하며 영화롭게 하지 아니하오리이까 오직 주만 거룩하시니이다 주의 의로우신 일이 나타났으매 만국이 와서 주께 경배하리이다 하더라

말 1:11, 14 ¹¹만군의 여호와가 이르노라 해 뜨는 곳에서부터 해 지는 곳까지의 이방 민족 중에서 내 이름이 크게 될 것이라 각처에서 내 이름을 위하여 분향하며 깨끗한 제물을 드리리니 이는 내 이름이 이방 민족 중에서 크게 될 것임이니라 ¹⁴짐승 떼 가운데에 수컷이 있거늘 그 서원하는 일에 흠 있는 것으로 속여 내게 드리는 자는 저주를 받으리니 나는 큰 임금이요 내 이름은 이방 민족 중에서 두려워하는 것이 됨이니라 만군의 여호와의 말이니라

시 138:1-2 내가 전심으로 주께 감사하며 신들 앞에서 주께 찬송하리이다 내가 주의 성전을 향하여 예배하며 주의 인자하심과 성실하심으로 말미암아 주의 이름에 감사하오리니 이는 주께서 주의 말씀을 주의 모든 이름보다 높게 하셨음이라

욥 36:24 그대는 하나님께서 하신 일을 기억하고 높이라 잊지 말지니라 인생이 그의 일을 찬송하였느니라

55문답

문. 제3계명에서 금지하시는 것은 무엇입니까?

답. 제3계명에서 금지하시는 것은 하나님께서 자신을 알리는 데 사용하시는 어떤 것이든 그것을 모독하거나 악용하는 것입니다.[1]

1) 말 1:6–7, 12; 말 2:2; 말 3:14.

말 1:6–7, 12 ⁶⁻⁷내 이름을 멸시하는 제사장들아 나 만군의 여호와가 너희에게 이르기를 아들은 그 아버지를, 종은 그 주인을 공경하나니 내가 아버지일진대 나를 공경함이 어디 있으냐 내가 주인일진대 나를 두려워함이 어디 있느냐 하나 너희는 이르기를 우리가 어떻게 주의 이름을 멸시하였나이까 하는도다 너희가 더러운 떡을 나의 제단에 드리고도 말하기를 우리가 어떻게 주를 더럽게 하였나이까 하는도다 이는 너희가 여호와의 식탁을 경멸히 여길 것이라 말하기 때문이라 ¹²그러나 너희는 말하기를 여호와의 식탁은 더러워졌고 그 위에 있는 과일 곧 먹을 것은 경멸히 여길 것이라 하여 내 이름을 더럽히는도다

말 2:2 만군의 여호와가 이르노라 너희가 만일 듣지 아니하며 마음에 두지 아니하여 내 이름을 영화롭게 하지 아니하면 내가 너희에게 저주를 내려 너희의 복을 저주하리라 내가 이미 저주하였나니 이는 너희가 그것을 마음에 두지 아니하였음이라

말 3:14 이는 너희가 말하기를 하나님을 섬기는 것이 헛되니 만군의 여호와 앞에서 그 명령을 지키며 슬프게 행하는 것이 무엇이 유익하리요

56문답

문. 제3계명을 더 잘 지키게 하기 위해 더해진 내용은 무엇입니까?

답. 제3계명을 더 잘 지키게 하기 위해 더해진 내용은, 이 계명을 어기는 자가 사람의 형벌은 피할 수 있을지 몰라도 주 우리 하나님의 의로우신 심판은 피할 수 없다는 것입니다.[1]

1) 삼상 2:12, 17, 22, 29; 삼상 3:13; 신 28:58-59.

삼상 2:12, 17, 22, 29 [12]엘리의 아들들은 행실이 나빠 여호와를 알지 못하더라 [17]이 소년들의 죄가 여호와 앞에 심히 큼은 그들이 여호와의 제사를 멸시함이었더라 [22]엘리가 매우 늙었더니 그의 아들들이 온 이스라엘에게 행한 모든 일과 회막 문에서 수종 드는 여인들과 동침하였음을 듣고 [29]너희는 어찌하여 내가 내 처소에서 명령한 내 제물과 예물을 밟으며 네 아들들을 나보다 더 중히 여겨 내 백성 이스라엘이 드리는 가장 좋은 것으로 너희들을 살지게 하느냐

삼상 3:13 내가 그의 집을 영원토록 심판하겠다고 그에게 말한 것은 그가 아는 죄악 때문이니 이는 그가 자기의 아들들이 저주를 자청하되 금하지 아니하였음이니라

신 28:58-59 네가 만일 이 책에 기록한 이 율법의 모든 말씀을 지켜 행하지 아니하고 네 하나님 여호와라 하는 영화롭고 두려운 이름을 경외하지 아니하면 여호와께서 네 재앙과 네 자손의 재앙을 극렬하게 하시리니 그 재앙이 크고 오래고 그 질병이 중하고 오랠 것이라

57문답

문. 제4계명은 무엇입니까?

답. 제4계명은 "안식일을 기억하여 거룩하게 지키라 엿새 동안은 힘써 네 모든 일을 행할 것이나 일곱째 날은 네 하나님 여호와의 안식일인즉 너나 네 아들이나 네 딸이나 네 남종이나 네 여종이나 네 가축이나 네 문안에 머무는 객이라도 아무 일도 하지 말라 이는 엿새 동안에 나 여호와가 하늘과 땅과 바다와 그 가운데 모든 것을 만들고 일곱째 날에 쉬었음이라 그러므로 나 여호와가 안식일을 복되게 하여 그 날을 거룩하게 하였느니라."입니다.[1]

1) 출 20:8-11.

출 20:8-11 안식일을 기억하여 거룩하게 지키라 엿새 동안은 힘써 네 모든 일을 행할 것이나 일곱째 날은 네 하나님 여호와의 안식일인즉 너나 네 아들이나 네 딸이나 네 남종이나 네 여종이나 네 가축이나 네 문안에 머무는 객이라도 아무 일도 하지 말라 이는 엿새 동안에 나 여호와가 하늘과 땅과 바다와 그 가운데 모든 것을 만들고 일곱째 날에 쉬었음이라 그러므로 나 여호와가 안식일을 복되게 하여 그 날을 거룩하게 하였느니라

58문답

문. 제4계명에서 요구하시는 것은 무엇입니까?

답. 제4계명에서 요구하시는 것은 하나님께서 그의 말씀으로 명하신 특정한 시간들을 거룩하게 지키되, 특별히 칠일 중에 온 하루를 하나님께 거룩한 안식일로 지키는 것입니다.[1]

1) 신 5:12-14.

신 5:12-14 네 하나님 여호와가 네게 명령한 대로 안식일을 지켜 거룩하게 하라 엿새 동안은 힘써 네 모든 일을 행할 것이나 일곱째 날은 네 하나님 여호와의 안식일인즉 너나 네 아들이나 네 딸이나 네 남종이나 네 여종이나 네 소나 네 나귀나 네 모든 가축이나 네 문 안에 유하는 객이라도 아무 일도 하지 못하게 하고 네 남종이나 네 여종에게 너 같이 안식하게 할지니라

59문답

문. 하나님께서는 칠일 중 어느 날을 매 주의 안식일로 정하셨습니까?

답. 하나님께서는 태초부터 그리스도께서 부활하실 때까지는 일주일 중 일곱째 날을 안식일로 정하셨으며, 그리스도께서 부활하신 이후부터 세상 끝날까지는 일주일 중 첫째 날을 그리스도인의 안식일로 정하셨습니다.[1]

1) 창 2:2-3; 고전 16:1-2; 행 20:7.

창 2:2-3 하나님이 그가 하시던 일을 일곱째 날에 마치시니 그가 하시던 모든 일을 그치고 일곱째 날에 안식하시니라 하나님이 그 일곱째 날을 복되게 하사 거룩하게 하셨으니 이는 하나님이 그 창조하시며 만드시던 모든 일을 마치시고 그 날에 안식하셨음이니라

고전 16:1-2 성도를 위하는 연보에 관하여는 내가 갈라디아 교회들에게 명한 것 같이 너희도 그렇게 하라 매주 첫날에 너희 각 사람이 수입에 따라 모아 두어서 내가 갈 때에 연보를 하지 않게 하라

행 20:7 그 주간의 첫날에 우리가 떡을 떼려 하여 모였더니 바울이 이튿날 떠나고자 하여 그들에게 강론할새 말을 밤중까지 계속하매

60문답

문. 안식일을 어떻게 거룩하게 지킬 수 있습니까?

답. 우리는 안식일을, 온 종일을 거룩하게 쉬되[1] 다른 날에는 정당한 세상의 일들과 오락까지 쉬고,[2] 모든 시간을 하나님을 공적으로 또 개인적으로 예배하는 데 사용함으로써 거룩하게 지킬 수 있습니다.[3] 다만 불가피한 일과 자비를 베푸는 일은 예외로 합니다.[4]

> 1) 출 20:8, 10; 출 16:25-28. 2) 느 13:15-19, 21-22. 3) 눅 4:16; 행 20:7; 시 92(제목: 안식일의 찬송시); 사 66:23. 4) 마 12:1-13.

출 20:8, 10 ⁸안식일을 기억하여 거룩하게 지키라 ¹⁰일곱째 날은 네 하나님 여호와의 안식일인즉 너나 네 아들이나 네 딸이나 네 남종이나 네 여종이나 네 가축이나 네 문안에 머무는 객이라도 아무 일도 하지 말라

출 16:25-28 모세가 이르되 오늘은 그것을 먹으라 오늘은 여호와의 안식일인즉 오늘은 너희가 들에서 그것을 얻지 못하리라 엿새 동안은 너희가 그것을 거두되 일곱째 날은 안식일인즉 그 날에는 없으리라 하였으나 일곱째 날에 백성 중 어떤 사람들이 거두러 나갔다가 얻지 못하니라 여호와께서 모세에게 이르시되 어느 때까지 너희가 내 계명과 내 율법을 지키지 아니하려느냐

느 13:15-19, 21-22 ¹⁵⁻¹⁹그 때에 내가 본즉 유다에서 어떤 사람이 안식일에 술틀을 밟고 곡식단을 나귀에 실어 운반하며 포도주와 포도와 무화과와 여러 가지 짐을 지고 안식일에 예루살렘에 들어와서 음식물을 팔기로 그 날에 내가 경계하였고 또 두로 사람이 예루살렘에 살며 물고기와 각양 물건을 가져다가 안식일에 예루살렘에서도 유다 자손에게 팔기로 내가 유다의 모든 귀인들을 꾸짖어 그들에게 이르기를 너희가 어찌 이 악을 행하여 안식일을 범하느냐 너희 조상들이 이같이 행하지 아니하였느냐 그래서 우리 하나님이 이 모든 재앙을 우리와 이 성읍에 내리신 것이 아니냐 그럼에도 불구하고 너희가 안식일을 범하여 진노가 이스라엘에게 더욱 심하게 임하도록 하는도다 하고 안식일 전 예루살렘 성문이 어두워갈

때에 내가 성문을 닫고 안식일이 지나기 전에는 열지 말라 하고 나를 따르는 종자 몇을 성문마다 세워 안식일에는 아무 짐도 들어오지 못하게 하였으므로 [21-22]내가 그들에게 경계하여 이르기를 너희가 어찌하여 성 밑에서 자느냐 다시 이같이 하면 내가 잡으리라 하였더니 그후부터는 안식일에 그들이 다시 오지 아니하였느니라 내가 또 레위 사람들에게 몸을 정결하게 하고 와서 성문을 지켜서 안식일을 거룩하게 하라 하였느니라 내 하나님이여 나를 위하여 이 일도 기억하시옵고 주의 크신 은혜대로 나를 아끼시옵소서

눅 4:16 예수께서 그 자라나신 곳 나사렛에 이르사 안식일에 늘 하시던 대로 회당에 들어가사 성경을 읽으려고 서시매

행 20:7 그 주간의 첫날에 우리가 떡을 떼려 하여 모였더니 바울이 이튿날 떠나고자 하여 그들에게 강론할새 말을 밤중까지 계속하매

시 92 (제목: 안식일의 찬송시)

사 66:23 여호와가 말하노라 매월 초하루와 매 안식일에 모든 혈육이 내 앞에 나아와 예배하리라

마 12:1-13 그 때에 예수께서 안식일에 밀밭 사이로 가실새 제자들이 시장하여 이삭을 잘라 먹으니 바리새인들이 보고 예수께 말하되 보시오 당신의 제자들이 안식일에 하지 못할 일을 하나이다 예수께서 이르시되 다윗이 자기와 그 함께 한 자들이 시장할 때에 한 일을 읽지 못하였느냐 그가 하나님의 전에 들어가서 제사장 외에는 자기나 그 함께 한 자들이 먹어서는 안 되는 진설병을 먹지 아니하였느냐 또 안식일에 제사장들이 성전 안에서 안식을 범하여도 죄가 없음을 너희가 율법에서 읽지 못하였느냐 내가 너희에게 이르노니 성전보다 더 큰 이가 여기 있느니라 나는 자비를 원하고 제사를 원하지 아니하노라 하신 뜻을 너희가 알았더라면 무죄한 자를 정죄하지 아니하였으리라 인자는 안식일의 주인이니라 하시니라 거기에서 떠나 그들의 회당에 들어가시니 한쪽 손 마른 사람이 있는지라 사람들이 예수를 고발하려 하여 물어 이르되 안식일에 병 고치는 것이 옳으니이까 예수께서 이르시되 너희 중에 어떤 사람이 양 한 마리가 있어 안식일에 구덩이에 빠졌으면 끌어내지 않겠느냐 사람이 양보다 얼마나 더 귀하냐 그러므로 안식일에 선을 행하는 것이 옳으니라 하시고 이에 그 사람에게 이르시되 손을 내밀라 하시니 그가 내밀매 다른 손과 같이 회복되어 성하더라

61문답

문. 제4계명에서 금지하시는 것은 무엇입니까?

답. 제4계명에서 금지하시는 것은 요구하신 의무를 이행하지 않거나 부주의하게 행하고,[1] 게으르거나[2] 그 자체로 죄가 되는 일이나[3] 세상일과 오락에 대해 불필요한 생각과 말과 일을 함으로써 안식일을 모독하는 것입니다.[4]

1) 겔 22:26; 암 8:5; 말 1:13. 2) 행 20:7, 9. 3) 겔 23:38. 4) 렘 17:24-26; 사 58:13.

겔 22:26 그 제사장들은 내 율법을 범하였으며 나의 성물을 더럽혔으며 거룩함과 속된 것을 구별하지 아니하였으며 부정함과 정한 것을 사람이 구별하게 하지 아니하였으며 그의 눈을 가리어 나의 안식일을 보지 아니하였으므로 내가 그들 가운데에서 더럽힘을 받았느니라

암 8:5 너희가 이르기를 월삭이 언제 지나서 우리가 곡식을 팔며 안식일이 언제 지나서 우리가 밀을 내게 할꼬 에바를 작게 하고 세겔을 크게 하여 거짓 저울로 속이며

말 1:13 만군의 여호와가 이르노라 너희가 또 말하기를 이 일이 얼마나 번거로운고 하며 코웃음치고 훔친 물건과 저는 것, 병든 것을 가져왔느니라 너희가 이같이 봉헌물을 가져오니 내가 그것을 너희 손에서 받겠느냐 이는 여호와의 말이니라

행 20:7, 9 [7]그 주간의 첫날에 우리가 떡을 떼려 하여 모였더니 바울이 이튿날 떠나고자 하여 그들에게 강론할새 말을 밤중까지 계속하매 [9]유두고라 하는 청년이 창에 걸터 앉아 있다가 깊이 졸더니 바울이 강론하기를 더 오래 하매 졸음을 이기지 못하여 삼 층에서 떨어지거늘 일으켜보니 죽었는지라

겔 23:38 이 외에도 그들이 내게 행한 것이 있나니 당일에 내 성소를 더럽히며 내 안식일을 범하였도다

렘 17:24-26 여호와의 말씀이니라 너희가 만일 삼가 나를 순종하여 안식일에 짐을 지고 이 성문으로 들어오지 아니하며 안식일을 거룩히 하여 어떤 일이라도 하

지 아니하면 다윗의 왕위에 앉아 있는 왕들과 고관들이 병거와 말을 타고 이 성문으로 들어오되 그들과 유다 모든 백성과 예루살렘 주민들이 함께 그리할 것이요 이 성은 영원히 있을 것이며 사람들이 유다 성읍들과 예루살렘에 둘린 곳들과 베냐민 땅과 평지와 산지와 네겝으로부터 와서 번제와 희생과 소제와 유향과 감사제물을 여호와의 성전에 가져오려니와

사 58:13 만일 안식일에 네 발을 금하여 내 성일에 오락을 행하지 아니하고 안식일을 일컬어 즐거운 날이라, 여호와의 성일을 존귀한 날이라 하여 이를 존귀하게 여기고 네 길로 행하지 아니하며 네 오락을 구하지 아니하며 사사로운 말을 하지 아니하면

62문답

문. 제4계명을 더 잘 지키게 하기 위해 더해진 내용은 무엇입니까?

답. 제4계명을 더 잘 지키게 하기 위해 더해진 내용은, 하나님께서 우리에게 일주일 중 엿새를 우리의 일들을 하도록 허락해주셨으나,[1] 일곱째 날은 하나님의 특별한 소유임을 주장하시며 친히 모범을 보이시고 안식일을 복되게 하셨다는 것입니다.[2]

1) 출 20:9. 2) 출 20:11.

출 20:9 엿새 동안은 힘써 네 모든 일을 행할 것이나

출 20:11 이는 엿새 동안에 나 여호와가 하늘과 땅과 바다와 그 가운데 모든 것을 만들고 일곱째 날에 쉬었음이라 그러므로 나 여호와가 안식일을 복되게 하여 그 날을 거룩하게 하였느니라

63문답

문. 제5계명은 무엇입니까?

답. 제5계명은 "네 부모를 공경하라 그리하면 네 하나님 여호와가 네게 준 땅에서 네 생명이 길리라."입니다.[1]

> 1) 출 20:12.

출 20:12 네 부모를 공경하라 그리하면 네 하나님 여호와가 네게 준 땅에서 네 생명이 길리라

64문답

문. 제5계명에서 요구하시는 것은 무엇입니까?

답. 제5계명에서 요구하시는 것은 윗사람과[1] 아랫사람[2] 그리고 동료와[3] 같은 각자의 여러 지위와 관계 안에서 각 사람의 명예를 지켜주고 각 사람에 대한 의무를 이행하는 것입니다.

> 1) 엡 5:21. 2) 벧전 2:17. 3) 롬 12:10.

엡 5:21 그리스도를 경외함으로 피차 복종하라

벧전 2:17 뭇 사람을 공경하며 형제를 사랑하며 하나님을 두려워하며 왕을 존대하라

롬 12:10 형제를 사랑하여 서로 우애하고 존경하기를 서로 먼저 하며

65문답

문. 제5계명에서 금지하시는 것은 무엇입니까?

답. 제5계명에서 금지하시는 것은 각자의 여러 지위와 관계 안에서 각 사람의 명예를 지켜주고 각 사람에 대한 의무를 이행하는 것을 소홀히 하거나 이에 반하는 어떤 일이든 행하는 것입니다.[1]

1) 마 15:4-6; 겔 34:2-4; 롬 13:8.

마 15:4-6 하나님이 이르셨으되 네 부모를 공경하라 하시고 또 아버지나 어머니를 비방하는 자는 반드시 죽임을 당하리라 하셨거늘 너희는 이르되 누구든지 아버지에게나 어머니에게 말하기를 내가 드려 유익하게 할 것이 하나님께 드림이 되었다고 하기만 하면 그 부모를 공경할 것이 없다 하여 너희의 전통으로 하나님의 말씀을 폐하는도다

겔 34:2-4 인자야 너는 이스라엘 목자들에게 예언하라 그들 곧 목자들에게 예언하여 이르기를 주 여호와께서 이같이 말씀하시되 자기만 먹는 이스라엘 목자들은 화 있을진저 목자들이 양 떼를 먹이는 것이 마땅하지 아니하냐 너희가 살진 양을 잡아 그 기름을 먹으며 그 털을 입되 양 떼는 먹이지 아니하는도다 너희가 그 연약한 자를 강하게 아니하며 병든 자를 고치지 아니하며 상한 자를 싸매 주지 아니하며 쫓기는 자를 돌아오게 하지 아니하며 잃어버린 자를 찾지 아니하고 다만 포악으로 그것들을 다스렸도다

롬 13:8 피차 사랑의 빚 외에는 아무에게든지 아무 빚도 지지 말라 남을 사랑하는 자는 율법을 다 이루었느니라

66문답

문. 제5계명을 더 잘 지키게 하기 위해 더해진 내용은 무엇입니까?

답. 제5계명을 더 잘 지키게 하기 위해 더해진 내용은, 하나님께는 영광이 되고 그들 자신에게는 선이 되는 한, 하나님께서 이들을 장수하고 번영하게 하시겠다고 약속하신 것입니다.[1]

  1) 신 5:16; 엡 6:2-3.

신 5:16 너는 네 하나님 여호와께서 명령한 대로 네 부모를 공경하라 그리하면 네 하나님 여호와가 네게 준 땅에서 네 생명이 길고 복을 누리리라

엡 6:2-3 네 아버지와 어머니를 공경하라 이것은 약속이 있는 첫 계명이니 이로써 네가 잘되고 땅에서 장수하리라

67문답

문. 제6계명은 무엇입니까?

답. 제6계명은 "살인하지 말라."입니다.[1]

  1) 출 20:13.

출 20:13 살인하지 말라

68문답

문. 제6계명에서 요구하시는 것은 무엇입니까?

답. 제6계명에서 요구하시는 것은 우리 자신의 생명과[1] 다른
사람의 생명을[2] 보존하기 위해 모든 정당한 노력을 기울
이는 것입니다.

1) 엡 5:28-29. 2) 왕상 18:4.

엡 5:28-29 이와 같이 남편들도 자기 아내 사랑하기를 자기 자신과 같이 할지니
자기 아내를 사랑하는 자는 자기를 사랑하는 것이라 누구든지 언제나 자기 육체
를 미워하지 않고 오직 양육하여 보호하기를 그리스도께서 교회에게 함과 같이
하나니

왕상 18:4 이세벨이 여호와의 선지자들을 멸할 때에 오바댜가 선지자 백 명을 가
지고 오십 명씩 굴에 숨기고 떡과 물을 먹였더라

69문답

문. 제6계명에서 금지하시는 것은 무엇입니까?

답. 제6계명에서 금지하시는 것은 우리 자신의 생명과 다른 사
람의 생명을 불의하게 빼앗거나 해하려는 모든 것입니다.[1]

1) 행 16:28; 창 9:6.

행 16:28 바울이 크게 소리 질러 이르되 네 몸을 상하지 말라 우리가 다 여기 있
노라 하니

창 9:6 다른 사람의 피를 흘리면 그 사람의 피도 흘릴 것이니 이는 하나님이 자기
형상대로 사람을 지으셨음이니라

70문답

문. 제7계명은 무엇입니까?

답. 제7계명은 "간음하지 말라."입니다.[1]

　　1) 출 20:14.

출 20:14　간음하지 말라

71문답

문. 제7계명에서 요구하시는 것은 무엇입니까?

답. 제7계명에서 요구하시는 것은 마음과 말과 행동에서 우리 자신과 우리 이웃의 순결을 보존하는 것입니다.[1]

　　1) 고전 7:2-3, 5, 34, 36; 골 4:6; 벧전 3:2.

고전 7:2-3, 5, 34, 36　[2-3]음행을 피하기 위하여 남자마다 자기 아내를 두고 여자마다 자기 남편을 두라 남편은 그 아내에 대한 의무를 다하고 아내도 그 남편에게 그렇게 할지라 [5]서로 분방하지 말라 다만 기도할 틈을 얻기 위하여 합의상 얼마 동안은 하되 다시 합하라 이는 너희가 절제 못함으로 말미암아 사탄이 너희를 시험하지 못하게 하려 함이라 [34]마음이 갈라지며 시집 가지 않은 자와 처녀는 주의 일을 염려하여 몸과 영을 다 거룩하게 하려 하되 시집 간 자는 세상 일을 염려하여 어찌하여야 남편을 기쁘게 할까 하느니라 [36]그러므로 만일 누가 자기의 약혼녀에 대한 행동이 합당하지 못한 줄로 생각할 때에 그 약혼녀의 혼기도 지나고 그같이 할 필요가 있거든 원하는 대로 하라 그것은 죄 짓는 것이 아니니 그들로 결혼하게 하라

골 4:6　너희 말을 항상 은혜 가운데서 소금으로 맛을 냄과 같이 하라 그리하면 각 사람에게 마땅히 대답할 것을 알리라

벧전 3:2　너희의 두려워하며 정결한 행실을 봄이라

72문답

문. 제7계명에서 금지하시는 것은 무엇입니까?

답. 제7계명에서 금지하시는 것은 모든 음란한 생각과 말과 행동입니다.[1]

> 1) 마 15:19; 마 5:28; 엡 5:3-4.

마 15:19 마음에서 나오는 것은 악한 생각과 살인과 간음과 음란과 도둑질과 거짓 증언과 비방이니

마 5:28 나는 너희에게 이르노니 음욕을 품고 여자를 보는 자마다 마음에 이미 간음하였느니라

엡 5:3-4 음행과 온갖 더러운 것과 탐욕은 너희 중에서 그 이름조차도 부르지 말라 이는 성도에게 마땅한 바니라 누추함과 어리석은 말이나 희롱의 말이 마땅치 아니하니 오히려 감사하는 말을 하라

73문답

문. 제8계명은 무엇입니까?

답. 제8계명은 "도둑질하지 말라."입니다.[1]

> 1) 출 20:15.

출 20:15 도둑질하지 말라

74문답

문. 제8계명에서 요구하시는 것은 무엇입니까?

답. 제8계명에서 요구하시는 것은 우리와 다른 사람들의 부와 재산을 정당하게 모으고 늘리는 것입니다.[1]

1) 창 30:30; 딤전 5:8; 레 25:35; 신 22:1-5; 출 23:4-5; 창 47:14, 20.

창 30:30 내가 오기 전에는 외삼촌의 소유가 적더니 번성하여 떼를 이루었으니 내 발이 이르는 곳마다 여호와께서 외삼촌에게 복을 주셨나이다 그러나 나는 언제나 내 집을 세우리이까

딤전 5:8 누구든지 자기 친족 특히 자기 가족을 돌보지 아니하면 믿음을 배반한 자요 불신자보다 더 악한 자니라

레 25:35 네 형제가 가난하게 되어 빈 손으로 네 곁에 있거든 너는 그를 도와 거류민이나 동거인처럼 너와 함께 생활하게 하되

신 22:1-5 네 형제의 소나 양이 길 잃은 것을 보거든 못 본 체하지 말고 너는 반드시 그것들을 끌어다가 네 형제에게 돌릴 것이요 네 형제가 네게서 멀거나 또는 네가 그를 알지 못하거든 그 짐승을 네 집으로 끌고 가서 네 형제가 찾기까지 네게 두었다가 그에게 돌려 줄지니 나귀라도 그리하고 의복이라도 그리하고 형제가 잃어버린 어떤 것이든지 네가 얻거든 다 그리하고 못 본 체하지 말 것이며 네 형제의 나귀나 소가 길에 넘어진 것을 보거든 못 본 체하지 말고 너는 반드시 형제를 도와 그것들을 일으킬지니라 여자는 남자의 의복을 입지 말 것이요 남자는 여자의 의복을 입지 말 것이라 이같이 하는 자는 네 하나님 여호와께 가증한 자이니라

출 23:4-5 네가 만일 네 원수의 길 잃은 소나 나귀를 보거든 반드시 그 사람에게로 돌릴지며 네가 만일 너를 미워하는 자의 나귀가 짐을 싣고 엎드러짐을 보거든 그것을 버려두지 말고 그것을 도와 그 짐을 부릴지니라

창 47:14, 20 ¹⁴요셉이 곡식을 팔아 애굽 땅과 가나안 땅에 있는 돈을 모두 거두어들이고 그 돈을 바로의 궁으로 가져가니 ²⁰그러므로 요셉이 애굽의 모든 토지를 다 사서 바로에게 바치니 애굽의 모든 사람들이 기근에 시달려 각기 토지를 팔았음이라 땅이 바로의 소유가 되니라

문. 제8계명에서 금지하시는 것은 무엇입니까?

답. 제8계명에서 금지하시는 것은 우리와 이웃이 부와 재산을 모으고 늘리는 일을 불의하게 방해하거나 방해하려는 모든 것입니다.[1]

1) 잠 21:17; 잠 23:20-21; 잠 28:19; 엡 4:28.

잠 21:17 연락을 좋아하는 자는 가난하게 되고 술과 기름을 좋아하는 자는 부하게 되지 못하느니라

잠 23:20-21 술을 즐겨 하는 자들과 고기를 탐하는 자들과도 더불어 사귀지 말라 술 취하고 음식을 탐하는 자는 가난하여질 것이요 잠 자기를 즐겨 하는 자는 해어진 옷을 입을 것임이니라

잠 28:19 자기의 토지를 경작하는 자는 먹을 것이 많으려니와 방탕을 따르는 자는 궁핍함이 많으리라

엡 4:28 도둑질하는 자는 다시 도둑질하지 말고 돌이켜 가난한 자에게 구제할 수 있도록 자기 손으로 수고하여 선한 일을 하라

76문답

문. 제9계명은 무엇입니까?

답. 제9계명은 "네 이웃에 대하여 거짓 증거하지 말라."입니다.[1]

   1) 출 20:16.

출 20:16 네 이웃에 대하여 거짓 증거하지 말라

77문답

문. 제9계명에서 요구하시는 것은 무엇입니까?

답. 제9계명에서 요구하시는 것은 사람 사이의 진실함과[1] 우리 자신과 이웃의 명예를 지키고 장려하는 것인데[2] 특히 증언할 때에 그렇게 해야 합니다.[3]

   1) 슥 8:16. 2) 요삼 1:12. 3) 잠 14:5, 25.

슥 8:16 너희가 행할 일은 이러하니라 너희는 이웃과 더불어 진리를 말하며 너희 성문에서 진실하고 화평한 재판을 베풀고

요삼 1:12 데메드리오는 뭇 사람에게도, 진리에게서도 증거를 받았으매 우리도 증언하노니 너는 우리의 증언이 참된 줄을 아느니라

잠 14:5, 25 [5]신실한 증인은 거짓말을 아니하여도 거짓 증인은 거짓말을 뱉느니라 [25]진실한 증인은 사람의 생명을 구원하여도 거짓말을 뱉는 사람은 속이느니라

78문답

문. 제9계명에서 금지하시는 것은 무엇입니까?

답. 제9계명에서 금지하시는 것은 무엇이든 진실을 훼손하거나 우리 자신과 이웃의 명예에 해를 입히는 것입니다.[1]

1) 삼상 17:28; 레 19:16; 시 15:3.

삼상 17:28 큰형 엘리압이 다윗이 사람들에게 하는 말을 들은지라 그가 다윗에게 노를 발하여 이르되 네가 어찌하여 이리로 내려왔느냐 들에 있는 양들을 누구에게 맡겼느냐 나는 네 교만과 네 마음의 완악함을 아노니 네가 전쟁을 구경하러 왔도다

레 19:16 너는 네 백성 중에 돌아다니며 사람을 비방하지 말며 네 이웃의 피를 흘려 이익을 도모하지 말라 나는 여호와이니라

시 15:3 그의 혀로 남을 허물하지 아니하고 그의 이웃에게 악을 행하지 아니하며 그의 이웃을 비방하지 아니하며

79문답

문. 제10계명은 무엇입니까?

답. 제10계명은 "네 이웃의 집을 탐내지 말라 네 이웃의 아내나 그의 남종이나 그의 여종이나 그의 소나 그의 나귀나 무릇 네 이웃의 소유를 탐내지 말라."입니다.[1]

1) 출 20:17.

출 20:17 네 이웃의 집을 탐내지 말라 네 이웃의 아내나 그의 남종이나 그의 여종이나 그의 소나 그의 나귀나 무릇 네 이웃의 소유를 탐내지 말라

문. 제10계명에서 요구하시는 것은 무엇입니까?

답. 제10계명에서 요구하시는 것은 우리 이웃과 이웃의 모든 것에 대해 의롭고 자비로운 마음을 가지고[2] 우리 자신의 처지에 전적으로 만족하는 것입니다.[1]

1) 히 13:5; 딤전 6:6. 2) 욥 31:29; 롬 12:15; 딤전 1:5; 고전 13:4-7.

히 13:5 돈을 사랑하지 말고 있는 바를 족한 줄로 알라 그가 친히 말씀하시기를 내가 결코 너희를 버리지 아니하고 너희를 떠나지 아니하리라 하셨느니라

딤전 6:6 그러나 자족하는 마음이 있으면 경건은 큰 이익이 되느니라

욥 31:29 내가 언제 나를 미워하는 자의 멸망을 기뻐하고 그가 재난을 당함으로 즐거워하였던가

롬 12:15 즐거워하는 자들과 함께 즐거워하고 우는 자들과 함께 울라

딤전 1:5 이 교훈의 목적은 청결한 마음과 선한 양심과 거짓이 없는 믿음에서 나오는 사랑이거늘

고전 13:4-7 사랑은 오래 참고 사랑은 온유하며 시기하지 아니하며 사랑은 자랑하지 아니하며 교만하지 아니하며 무례히 행하지 아니하며 자기의 유익을 구하지 아니하며 성내지 아니하며 악한 것을 생각하지 아니하며 불의를 기뻐하지 아니하며 진리와 함께 기뻐하고 모든 것을 참으며 모든 것을 믿으며 모든 것을 바라며 모든 것을 견디느니라

81문답

문. 제10계명에서 금지하시는 것은 무엇입니까?

답. 제10계명에서 금지하시는 것은 우리 자신의 처지에 대한 온갖 불만과[1] 이웃의 행복을 시기하거나 배 아파하는 것,[2] 이웃이 소유한 어떤 것에 대해서든 지나친 행동과 감정을 갖는 것입니다.[3]

1) 왕상 21:4; 에 5:13; 고전 10:10. 2) 갈 5:26; 약 3:14, 16. 3) 롬 7:7–8; 롬 13:9; 신 5:21.

왕상 21:4 이스르엘 사람 나봇이 아합에게 대답하여 이르기를 내 조상의 유산을 왕께 줄 수 없다 하므로 아합이 근심하고 답답하여 왕궁으로 돌아와 침상에 누워 얼굴을 돌리고 식사를 아니하니

에 5:13 그러나 유다 사람 모르드개가 대궐 문에 앉은 것을 보는 동안에는 이 모든 일이 만족하지 아니하도다 하니

고전 10:10 그들 가운데 어떤 사람들이 원망하다가 멸망시키는 자에게 멸망하였나니 너희는 그들과 같이 원망하지 말라

갈 5:26 헛된 영광을 구하여 서로 노엽게 하거나 서로 투기하지 말지니라

약 3:14, 16 그러나 너희 마음 속에 독한 시기와 다툼이 있으면 자랑하지 말라 진리를 거슬러 거짓말하지 말라
시기와 다툼이 있는 곳에는 혼란과 모든 악한 일이 있음이라

롬 7:7–8 그런즉 우리가 무슨 말을 하리요 율법이 죄냐 그럴 수 없느니라 율법으로 말미암지 않고는 내가 죄를 알지 못하였으니 곧 율법이 탐내지 말라 하지 아니하였더라면 내가 탐심을 알지 못하였으리라 그러나 죄가 기회를 타서 계명으로 말미암아 내 속에서 온갖 탐심을 이루었나니 이는 율법이 없으면 죄가 죽은 것이라

롬 13:9 간음하지 말라, 살인하지 말라, 도둑질하지 말라, 탐내지 말라 한 것과

그 외에 다른 계명이 있을지라도 네 이웃을 네 자신과 같이 사랑하라 하신 그 말씀 가운데 다 들었느니라

신 5:21 네 이웃의 아내를 탐내지 말지니라 네 이웃의 집이나 그의 밭이나 그의 남종이나 그의 여종이나 그의 소나 그의 나귀나 네 이웃의 모든 소유를 탐내지 말지니라

82문답

문. 하나님의 계명을 완전히 지킬 수 있는 사람이 있습니까?

답. 타락 후 이 세상에서는 아무도 하나님의 계명을 완전히 지킬 수 없고,[1] 오히려 날마다 생각과 말과 행동으로 하나님의 계명을 어깁니다.[2]

> 1) 전 7:20; 요일 1:8, 10; 갈 5:17. 2) 창 6:5; 창 8:21; 롬 3:9–21; 약 3:2–13.

전 7:20 선을 행하고 전혀 죄를 범하지 아니하는 의인은 세상에 없기 때문이로다

요일 1:8, 10 [8]만일 우리가 죄가 없다고 말하면 스스로 속이고 또 진리가 우리 속에 있지 아니할 것이요 [10]만일 우리가 범죄하지 아니하였다 하면 하나님을 거짓말하는 이로 만드는 것이니 또한 그의 말씀이 우리 속에 있지 아니하니라

갈 5:17 육체의 소욕은 성령을 거스르고 성령은 육체를 거스르나니 이 둘이 서로 대적함으로 너희가 원하는 것을 하지 못하게 하려 함이니라

창 6:5 여호와께서 사람의 죄악이 세상에 가득함과 그의 마음으로 생각하는 모든 계획이 항상 악할 뿐임을 보시고

창 8:21 여호와께서 그 향기를 받으시고 그 중심에 이르시되 내가 다시는 사람으로 말미암아 땅을 저주하지 아니하리니 이는 사람의 마음이 계획하는 바가 어려서부터 악함이라 내가 전에 행한 것 같이 모든 생물을 다시 멸하지 아니하리니

롬 3:9–21 그러면 어떠하냐 우리는 나으냐 결코 아니라 유대인이나 헬라인이나

다 죄 아래에 있다고 우리가 이미 선언하였느니라 기록된 바 의인은 없나니 하나도 없으며 깨닫는 자도 없고 하나님을 찾는 자도 없고 다 치우쳐 함께 무익하게 되고 선을 행하는 자는 없나니 하나도 없도다 그들의 목구멍은 열린 무덤이요 그 혀로는 속임을 일삼으며 그 입술에는 독사의 독이 있고 그 입에는 저주와 악독이 가득하고 그 발은 피 흘리는 데 빠른지라 파멸과 고생이 그 길에 있어 평강의 길을 알지 못하였고 그들의 눈 앞에 하나님을 두려워함이 없느니라 함과 같으니라 우리가 알거니와 무릇 율법이 말하는 바는 율법 아래에 있는 자들에게 말하는 것이니 이는 모든 입을 막고 온 세상으로 하나님의 심판 아래에 있게 하려 함이라 그러므로 율법의 행위로 그의 앞에 의롭다 하심을 얻을 육체가 없나니 율법으로는 죄를 깨달음이니라 이제는 율법 외에 하나님의 한 의가 나타났으니 율법과 선지자들에게 증거를 받은 것이라

약 3:2~13 우리가 다 실수가 많으니 만일 말에 실수가 없는 자라면 곧 온전한 사람이라 능히 온 몸도 굴레 씌우리라 우리가 말들의 입에 재갈 물리는 것은 우리에게 순종하게 하려고 그 온 몸을 제어하는 것이라 또 배를 보라 그렇게 크고 광풍에 밀려가는 것들을 지극히 작은 키로써 사공의 뜻대로 운행하나니 이와 같이 혀도 작은 지체로되 큰 것을 자랑하도다 보라 얼마나 작은 불이 얼마나 많은 나무를 태우는가 혀는 곧 불이요 불의의 세계라 혀는 우리 지체 중에서 온 몸을 더럽히고 삶의 수레바퀴를 불사르나니 그 사르는 것이 지옥 불에서 나느니라 여러 종류의 짐승과 새와 벌레와 바다의 생물은 다 사람이 길들일 수 있고 길들여 왔거니와 혀는 능히 길들일 사람이 없나니 쉬지 아니하는 악이요 죽이는 독이 가득한 것이라 이것으로 우리가 주 아버지를 찬송하고 또 이것으로 하나님의 형상대로 지음을 받은 사람을 저주하나니 한 입에서 찬송과 저주가 나오는도다 내 형제들아 이것이 마땅하지 아니하니라 샘이 한 구멍으로 어찌 단 물과 쓴 물을 내겠느냐 내 형제들아 어찌 무화과나무가 감람 열매를, 포도나무가 무화과를 맺겠느냐 이와 같이 짠 물이 단 물을 내지 못하느니라 너희 중에 지혜와 총명이 있는 자가 누구냐 그는 선행으로 말미암아 지혜의 온유함으로 그 행함을 보일지니라

83문답

문. 법을 어기는 모든 죄가 똑같이 극악합니까?

답. 어떤 죄들은 그 자체로, 또 죄를 더욱 악화시키는 몇몇 이유 때문에 하나님 보시기에 다른 죄들보다 더 극악합니다.[1]

1) 겔 8:6, 13, 15; 요일 5:16; 시 78:17, 32, 56.

겔 8:6, 13, 15 [6]그가 또 내게 이르시되 인자야 이스라엘 족속이 행하는 일을 보느냐 그들이 여기에서 크게 가증한 일을 행하여 나로 내 성소를 멀리 떠나게 하느니라 너는 다시 다른 큰 가증한 일을 보리라 하시더라 [13]또 내게 이르시되 너는 다시 그들이 행하는 바 다른 큰 가증한 일을 보리라 하시더라 [15]그가 또 내게 이르시되 인자야 네가 그것을 보았느냐 너는 또 이보다 더 큰 가증한 일을 보리라 하시더라

요일 5:16 누구든지 형제가 사망에 이르지 아니하는 죄 범하는 것을 보거든 구하라 그리하면 사망에 이르지 아니하는 범죄자들을 위하여 그에게 생명을 주시리라 사망에 이르는 죄가 있으니 이에 관하여 나는 구하라 하지 않노라

시 78:17, 32, 56 [17]그들은 계속해서 하나님께 범죄하여 메마른 땅에서 지존자를 배반하였도다 [32]이러함에도 그들은 여전히 범죄하여 그의 기이한 일들을 믿지 아니하였으므로 [56]그러나 그들은 지존하신 하나님을 시험하고 반항하여 그의 명령을 지키지 아니하며

84문답

문. 모든 죄가 마땅히 받는 보응은 무엇입니까?

답. 모든 죄가 마땅히 받는 보응은 이 세상과 오는 세상에서 하나님의 진노와 저주를 받는 것입니다.[1]

1) 엡 5:6; 갈 3:10; 애 3:39; 마 25:41.

엡 5:6 누구든지 헛된 말로 너희를 속이지 못하게 하라 이로 말미암아 하나님의 진노가 불순종의 아들들에게 임하나니

갈 3:10 무릇 율법 행위에 속한 자들은 저주 아래에 있나니 기록된 바 누구든지 율법 책에 기록된 대로 모든 일을 항상 행하지 아니하는 자는 저주 아래에 있는 자라 하였음이라

애 3:39 살아 있는 사람은 자기 죄들 때문에 벌을 받나니 어찌 원망하랴

마 25:41 또 왼편에 있는 자들에게 이르시되 저주를 받은 자들아 나를 떠나 마귀와 그 사자들을 위하여 예비된 영원한 불에 들어가라

85문답

문. 죄 때문에 우리가 마땅히 받아야 할 하나님의 진노와 저주를 피하도록 하나님께서 우리에게 요구하시는 것은 무엇입니까?

답. 죄 때문에 우리가 마땅히 받아야 할 하나님의 진노와 저주를 피하도록 하나님께서 우리에게 요구하시는 것은 예수 그리스도를 믿고, 생명에 이르는 회개를 하며,[1] 그리스도께서 우리에게 구속의 혜택을 전하는 데 사용하시는 모든 외적 수단을 부지런히 사용하는 것입니다.[2]

1) 행 20:21. 2) 잠 2:1-5; 잠 8:33-36; 사 55:3.

행 20:21 유대인과 헬라인에게 하나님께 대한 회개와 우리 주 예수 그리스도께 대한 믿음을 증언한 것이라

잠 2:1-5 내 아들아 네가 만일 나의 말을 받으며 나의 계명을 네게 간직하며 네 귀를 지혜에 기울이며 네 마음을 명철에 두며 지식을 불러 구하며 명철을 얻으려고 소리를 높이며 은을 구하는 것 같이 그것을 구하며 감추어진 보배를 찾는 것 같이 그것을 찾으면 여호와 경외하기를 깨달으며 하나님을 알게 되리니

잠 8:33-36 훈계를 들어서 지혜를 얻으라 그것을 버리지 말라 누구든지 내게 들으며 날마다 내 문 곁에서 기다리며 문설주 옆에서 기다리는 자는 복이 있나니 대저 나를 얻는 자는 생명을 얻고 여호와께 은총을 얻을 것임이니라 그러나 나를 잃는 자는 자기의 영혼을 해하는 자라 나를 미워하는 자는 사망을 사랑하느니라

사 55:3 너희는 귀를 기울이고 내게로 나아와 들으라 그리하면 너희의 영혼이 살리라 내가 너희를 위하여 영원한 언약을 맺으리니 곧 다윗에게 허락한 확실한 은혜이니라

86문답

문. 예수 그리스도를 믿는다는 것은 무엇입니까?

답. 예수 그리스도를 믿는다는 것은 구원의 은혜인데,[1] 이 은혜로 말미암아 우리는 구원 받기 위해 복음이 우리에게 전해주는 대로 예수 그리스도만을 영접하고 의지합니다.[2]

1) 히 10:39. 2) 요 1:12; 사 26:3-4; 빌 3:9; 갈 2:16.

히 10:39 우리는 뒤로 물러가 멸망할 자가 아니요 오직 영혼을 구원함에 이르는 믿음을 가진 자니라

요 1:12 영접하는 자 곧 그 이름을 믿는 자들에게는 하나님의 자녀가 되는 권세를 주셨으니

사 26:3-4 주께서 심지가 견고한 자를 평강하고 평강하도록 지키시리니 이는 그가 주를 신뢰함이니이다 너희는 여호와를 영원히 신뢰하라 주 여호와는 영원한 반석이심이로다

빌 3:9 그 안에서 발견되려 함이니 내가 가진 의는 율법에서 난 것이 아니요 오직 그리스도를 믿음으로 말미암은 것이니 곧 믿음으로 하나님께로부터 난 의라

갈 2:16 사람이 의롭게 되는 것은 율법의 행위로 말미암음이 아니요 오직 예수 그리스도를 믿음으로 말미암는 줄 알므로 우리도 그리스도 예수를 믿나니 이는 우리가 율법의 행위로써가 아니고 그리스도를 믿음으로써 의롭다 함을 얻으려 함이라 율법의 행위로써는 의롭다 함을 얻을 육체가 없느니라

문. 생명에 이르는 회개는 무엇입니까?

답. 생명에 이르는 회개는 구원의 은혜인데,[1] 이 은혜로 말미암아 죄인은 자기 죄를 바로 알고[2] 그리스도 안에 있는 하나님의 자비를 깨달아,[3] 자기 죄를 크게 슬퍼하고 미워하며 그 죄에서 떠나 하나님께로 돌이키고,[4] 굳은 결심과 노력으로 새롭게 순종합니다.[5]

1) 행 11:18. 2) 행 2:37-38. 3) 욜 2:12; 렘 3:22. 4) 렘 31:18-19; 겔 36:31. 5) 고후 7:11; 사 1:16-17.

행 11:18 그들이 이 말을 듣고 잠잠하여 하나님께 영광을 돌려 이르되 그러면 하나님께서 이방인에게도 생명 얻는 회개를 주셨도다 하니라

행 2:37-38 그들이 이 말을 듣고 마음에 찔려 베드로와 다른 사도들에게 물어 이르되 형제들아 우리가 어찌할꼬 하거늘 베드로가 이르되 너희가 회개하여 각각 예수 그리스도의 이름으로 세례를 받고 죄 사함을 받으라 그리하면 성령의 선물을 받으리니

욜 2:12 여호와의 말씀에 너희는 이제라도 금식하고 울며 애통하고 마음을 다하여 내게로 돌아오라 하셨나니

렘 3:22 배역한 자식들아 돌아오라 내가 너희의 배역함을 고치리라 하시니라 보소서 우리가 주께 왔사오니 주는 우리 하나님 여호와이심이니이다

렘 31:18-19 에브라임이 스스로 탄식함을 내가 분명히 들었노니 주께서 나를 징벌하시매 멍에에 익숙하지 못한 송아지 같은 내가 징벌을 받았나이다 주는 나의 하나님 여호와이시니 나를 이끌어 돌이키소서 그리하시면 내가 돌아오겠나이다 내가 돌이킨 후에 뉘우쳤고 내가 교훈을 받은 후에 내 볼기를 쳤사오니 이는 어렸을 때의 치욕을 지므로 부끄럽고 욕됨이니이다 하도다

겔 36:31 그 때에 너희가 너희 악한 길과 너희 좋지 못한 행위를 기억하고 너희

모든 죄악과 가증한 일로 말미암아 스스로 밉게 보리라

고후 7:11 보라 하나님의 뜻대로 하게 된 이 근심이 너희로 얼마나 간절하게 하며 얼마나 변증하게 하며 얼마나 분하게 하며 얼마나 두렵게 하며 얼마나 사모하게 하며 얼마나 열심 있게 하며 얼마나 벌하게 하였는가 너희가 그 일에 대하여 일체 너희 자신의 깨끗함을 나타내었느니라

사 1:16~17 너희는 스스로 씻으며 스스로 깨끗하게 하여 내 목전에서 너희 악한 행실을 버리며 행악을 그치고 선행을 배우며 정의를 구하며 학대 받는 자를 도와주며 고아를 위하여 신원하며 과부를 위하여 변호하라 하셨느니라

88문답

문. 그리스도께서 우리에게 구속의 혜택을 전하는 데 사용하시는 외적이고 일반적인 수단들은 무엇입니까?

답. 그리스도께서 우리에게 구속의 혜택을 전하는 데 사용하시는 외적이고 일반적인 수단들은 그리스도께서 세우신 규례인데, 특히 말씀과 성례와 기도가 그러합니다. 이 모두가 택하신 자들을 구원하는 데 효과적인 수단입니다.[1)]

> 1) 마 28:19~20; 행 2:42, 46~47.

마 28:19~20 그러므로 너희는 가서 모든 민족을 제자로 삼아 아버지와 아들과 성령의 이름으로 세례를 베풀고 내가 너희에게 분부한 모든 것을 가르쳐 지키게 하라 볼지어다 내가 세상 끝날까지 너희와 항상 함께 있으리라 하시니라

행 2:42, 46~47 [42]그들이 사도의 가르침을 받아 서로 교제하고 떡을 떼며 오로지 기도하기를 힘쓰니라 [46~47]날마다 마음을 같이하여 성전에 모이기를 힘쓰고 집에서 떡을 떼며 기쁨과 순전한 마음으로 음식을 먹고 하나님을 찬미하며 또 온 백성에게 칭송을 받으니 주께서 구원 받는 사람을 날마다 더하게 하시니라

89문답

문. 말씀이 어떻게 구원을 위해 효과적으로 사용됩니까?

답. 하나님의 성령께서는 말씀을 읽는 것, 특별히 말씀을 설교하는 것을 효과적인 수단으로 사용하셔서 죄인을 깨닫게 하시고 회개하게 하시며, 구원에 이르는 믿음으로 죄인들을 거룩함과 위로로 세우셔서, 말씀이 구원을 위해 효과적으로 사용되게 하십니다.[1)]

1) 느 8:8; 고전 14:24–25; 행 26:18; 시 19:8; 행 20:32; 롬 15:4; 딤후 3:15–17; 롬 10:13–17; 롬 1:16.

느 8:8 하나님의 율법책을 낭독하고 그 뜻을 해석하여 백성에게 그 낭독하는 것을 다 깨닫게 하니

고전 14:24–25 그러나 다 예언을 하면 믿지 아니하는 자들이나 알지 못하는 자들이 들어와서 모든 사람에게 책망을 들으며 모든 사람에게 판단을 받고 그 마음의 숨은 일들이 드러나게 되므로 엎드리어 하나님께 경배하며 하나님이 참으로 너희 가운데 계신다 전파하리라

행 26:18 그 눈을 뜨게 하여 어둠에서 빛으로, 사탄의 권세에서 하나님께로 돌아오게 하고 죄 사함과 나를 믿어 거룩하게 된 무리 가운데서 기업을 얻게 하리라 하더이다

시 19:8 여호와의 교훈은 정직하여 마음을 기쁘게 하고 여호와의 계명은 순결하여 눈을 밝게 하시도다

행 20:32 지금 내가 여러분을 주와 및 그 은혜의 말씀에 부탁하노니 그 말씀이 여러분을 능히 든든히 세우사 거룩하게 하심을 입은 모든 자 가운데 기업이 있게 하시리라

롬 15:4 무엇이든지 전에 기록된 바는 우리의 교훈을 위하여 기록된 것이니 우리로 하여금 인내로 또는 성경의 위로로 소망을 가지게 함이니라

딤후 3:15–17 또 어려서부터 성경을 알았나니 성경은 능히 너로 하여금 그리스도 예수 안에 있는 믿음으로 말미암아 구원에 이르는 지혜가 있게 하느니라 모든 성경은 하나님의 감동으로 된 것으로 교훈과 책망과 바르게 함과 의로 교육하기에 유익하니 이는 하나님의 사람으로 온전하게 하며 모든 선한 일을 행할 능력을 갖추게 하려 함이라

롬 10:13–17 누구든지 주의 이름을 부르는 자는 구원을 받으리라 그런즉 그들이 믿지 아니하는 이를 어찌 부르리요 듣지도 못한 이를 어찌 믿으리요 전파하는 자가 없이 어찌 들으리요 보내심을 받지 아니하였으면 어찌 전파하리요 기록된 바 아름답도다 좋은 소식을 전하는 자들의 발이여 함과 같으니라 그러나 그들이 다 복음을 순종하지 아니하였도다 이사야가 이르되 주여 우리가 전한 것을 누가 믿었나이까 하였으니 그러므로 믿음은 들음에서 나며 들음은 그리스도의 말씀으로 말미암았느니라

롬 1:16 내가 복음을 부끄러워하지 아니하노니 이 복음은 모든 믿는 자에게 구원을 주시는 하나님의 능력이 됨이라 먼저는 유대인에게요 그리고 헬라인에게로다

90문답

문. 말씀을 어떻게 읽고 들어야 말씀이 우리가 구원받는 데 효과적으로 사용됩니까?

답. 말씀이 우리가 구원받는 데 효과적으로 사용되려면 우리는 부지런한 태도와[1] 준비된 마음과[2] 기도로[3] 말씀을 읽고 듣는 일에 주의를 기울여야 하며, 말씀을 믿음과 사랑으로 받아들이고,[4] 말씀을 우리 마음에 두며,[5] 우리 삶 속에서 말씀을 실천해야 합니다.[6]

1) 잠 8:34. 2) 벧전 2:1–2. 3) 시 119:18. 4) 히 4:2; 살후 2:10. 5) 시 119:11.
6) 눅 8:15; 약 1:25.

잠 8:34 누구든지 내게 들으며 날마다 내 문 곁에서 기다리며 문설주 옆에서 기다리는 자는 복이 있나니

벧전 2:1–2 그러므로 모든 악독과 모든 기만과 외식과 시기와 모든 비방하는 말을 버리고 갓난 아기들 같이 순전하고 신령한 젖을 사모하라 이는 그로 말미암아 너희로 구원에 이르도록 자라게 하려 함이라

시 119:18 내 눈을 열어서 주의 율법에서 놀라운 것을 보게 하소서

히 4:2 그들과 같이 우리도 복음 전함을 받은 자이나 들은 바 그 말씀이 그들에게 유익하지 못한 것은 듣는 자가 믿음과 결부시키지 아니함이라

살후 2:10 불의의 모든 속임으로 멸망하는 자들에게 있으리니 이는 그들이 진리의 사랑을 받지 아니하여 구원함을 받지 못함이라

시 119:11 내가 주께 범죄하지 아니하려 하여 주의 말씀을 내 마음에 두었나이다

눅 8:15 좋은 땅에 있다는 것은 착하고 좋은 마음으로 말씀을 듣고 지키어 인내로 결실하는 자니라

약 1:25 자유롭게 하는 온전한 율법을 들여다보고 있는 자는 듣고 잊어버리는 자가 아니요 실천하는 자니 이 사람은 그 행하는 일에 복을 받으리라

91문답

문. 성례가 어떻게 구원의 효과적인 수단이 됩니까?

답. 성례가 구원의 효과적인 수단이 되는 것은, 성례 자체나 성례를 집행하는 사람에게 무슨 덕이 있어서가 아니라, 다만, 그리스도께서 복을 주시고,[1] 하나님의 성령께서 성례를 믿음으로 받는 사람 안에서 일하시기 때문입니다.[2]

1) 벧전 3:21; 마 3:11; 고전 3:6–7. 2) 고전 12:13.

벧전 3:21 물은 예수 그리스도께서 부활하심으로 말미암아 이제 너희를 구원하는 표니 곧 세례라 이는 육체의 더러운 것을 제하여 버림이 아니요 하나님을 향한 선한 양심의 간구니라

마 3:11 나는 너희로 회개하게 하기 위하여 물로 세례를 베풀거니와 내 뒤에 오시는 이는 나보다 능력이 많으시니 나는 그의 신을 들기도 감당하지 못하겠노라 그는 성령과 불로 너희에게 세례를 베푸실 것이요

고전 3:6–7 나는 심었고 아볼로는 물을 주었으되 오직 하나님께서 자라나게 하셨나니 그런즉 심는 이나 물 주는 이는 아무 것도 아니로되 오직 자라게 하시는 이는 하나님뿐이니라

고전 12:13 우리가 유대인이나 헬라인이나 종이나 자유인이나 다 한 성령으로 세례를 받아 한 몸이 되었고 또 다 한 성령을 마시게 하셨느니라

92문답

문. 성례는 무엇입니까?

답. 성례는 그리스도께서 세우신 거룩한 규례인데, 성례 안에서 그리스도와 새 언약의 혜택들이 감각할 수 있는 표를 통해 신자에게 나타나고 인 쳐지며 적용됩니다.[1]

1) 창 17:7, 10; 출 12; 고전 11:23, 26.

창 17:7, 10 [7]내가 내 언약을 나와 너 및 네 대대 후손 사이에 세워서 영원한 언약을 삼고 너와 네 후손의 하나님이 되리라 [10]너희 중 남자는 다 할례를 받으라 이것이 나와 너희와 너희 후손 사이에 지킬 내 언약이니라

출 12 여호와께서 애굽 땅에서 모세와 아론에게 일러 말씀하시되 이 달을 너희에게 달의 시작 곧 해의 첫 달이 되게 하고 너희는 이스라엘 온 회중에게 말하여 이르라 이 달 열흘에 너희 각자가 어린 양을 잡을지니 각 가족대로 그 식구를 위하여 어린 양을 취하되 그 어린 양에 대하여 식구가 너무 적으면 그 집의 이웃과 함께 사람 수를 따라서 하나를 잡고 각 사람이 먹을 수 있는 분량에 따라서 너희 어린 양을 계산할 것이며 너희 어린 양은 흠 없고 일 년 된 수컷으로 하되 양이나 염소 중에서 취하고 이 달 열나흘날까지 간직하였다가 해 질 때에 이스라엘 회중이 그 양을 잡고 그 피를 양을 먹을 집 좌우 문설주와 인방에 바르고 그 밤에 그 고기를 불에 구워 무교병과 쓴 나물과 아울러 먹되 날것으로나 물에 삶아서 먹지 말고 머리와 다리와 내장을 다 불에 구워 먹고 아침까지 남겨두지 말며 아침까지 남은 것은 곧 불사르라 너희는 그것을 이렇게 먹을지니 허리에 띠를 띠고 발에 신을 신고 손에 지팡이를 잡고 급히 먹으라 이것이 여호와의 유월절이니라 내가 그 밤에 애굽 땅에 두루 다니며 사람이나 짐승을 막론하고 애굽 땅에 있는 모든 처음 난 것을 다 치고 애굽의 모든 신을 내가 심판하리라 나는 여호와라 내가 애굽 땅을 칠 때에 그 피가 너희가 사는 집에 있어서 너희를 위하여 표적이 될지라 내가 피를 볼 때에 너희를 넘어가리니 재앙이 너희에게 내려 멸하지 아니하리라 너희는 이 날을 기념하여 여호와의 절기를 삼아 영원한 규례로 대대로 지킬지니라 너희

는 이레 동안 무교병을 먹을지니 그 첫날에 누룩을 너희 집에서 제하라 무릇 첫날부터 일곱째 날까지 유교병을 먹는 자는 이스라엘에서 끊어지리라 너희에게 첫날에도 성회요 일곱째 날에도 성회가 되리니 너희는 이 두 날에는 아무 일도 하지 말고 각자의 먹을 것만 갖출 것이니라 너희는 무교절을 지키라 이 날에 내가 너희 군대를 애굽 땅에서 인도하여 내었음이니라 그러므로 너희가 영원한 규례로 삼아 대대로 이 날을 지킬지니라 첫째 달 그 달 열나흗날 저녁부터 이십일일 저녁까지 너희는 무교병을 먹을 것이요 이레 동안은 누룩이 너희 집에서 발견되지 아니하도록 하라 무릇 유교물을 먹는 자는 타국인이든지 본국에서 난 자든지를 막론하고 이스라엘 회중에서 끊어지리니 너희는 아무 유교물이든지 먹지 말고 너희 모든 유하는 곳에서 무교병을 먹을지니라 모세가 이스라엘 모든 장로를 불러서 그들에게 이르되 너희는 나가서 너희의 가족대로 어린 양을 택하여 유월절 양으로 잡고 우슬초 묶음을 가져다가 그릇에 담은 피에 적셔서 그 피를 문 인방과 좌우 설주에 뿌리고 아침까지 한 사람도 자기 집 문 밖에 나가지 말라 여호와께서 애굽 사람들에게 재앙을 내리려고 지나가실 때에 문 인방과 좌우 문설주의 피를 보시면 여호와께서 그 문을 넘으시고 멸하는 자에게 너희 집에 들어가서 너희를 치지 못하게 하실 것임이니라 너희는 이 일을 규례로 삼아 너희와 너희 자손이 영원히 지킬 것이니 너희는 여호와께서 허락하신 대로 너희에게 주시는 땅에 이를 때에 이 예식을 지킬 것이라 이 후에 너희의 자녀가 묻기를 이 예식이 무슨 뜻이냐 하거든 너희는 이르기를 이는 여호와의 유월절 제사라 여호와께서 애굽 사람에게 재앙을 내리실 때에 애굽에 있는 이스라엘 자손의 집을 넘으사 우리의 집을 구원하셨느니라 하라 하매 백성이 머리 숙여 경배하니라 이스라엘 자손이 물러가서 그대로 행하되 여호와께서 모세와 아론에게 명령하신 대로 행하니라 밤중에 여호와께서 애굽 땅에서 모든 처음 난 것 곧 왕위에 앉은 바로의 장자로부터 옥에 갇힌 사람의 장자까지와 가축의 처음 난 것을 다 치시매 그 밤에 바로와 그 모든 신하와 모든 애굽 사람이 일어나고 애굽에 큰 부르짖음이 있었으니 이는 그 나라에 죽임을 당하지 아니한 집이 하나도 없었음이었더라 밤에 바로가 모세와 아론을 불러서 이르되 너희와 이스라엘 자손은 일어나 내 백성 가운데에서 떠나 너희의 말대로 가서 여호와를 섬기며 너희가 말한 대로 너희 양과 너희 소도 몰아가고 나를 위하여 축복하라 하며 애굽 사람들은 말하기를 우리가 다 죽은 자가 되도다 하고 그 백성을 재촉하여 그 땅에서 속히 내보내려 하므로 그 백성이 발교되지 못한 반죽 담은 그릇을 옷에 싸서 어깨에 메니라 이스라엘 자손이 모세의 말대로 하여 애굽 사람에게 은금 패물과 의복을 구하매 여호와께서 애굽 사람들에게 이스라엘 백성에게 은혜를 입히게 하사 그들이 구하는 대로 주게 하시므로 그들이 애굽 사람의 물품을 취하였더라 이스라엘 자손이 라암셋을 떠나서 숙곳에 이르니 유아 외에 보행하는 장정이 육십만 가량이요 수많은 잡족과 양과 소와 심히 많은 가축이 그들과 함께 하였으며 그들이 애굽으로부터 가지고 나온 발교되지 못한 반죽으로 무교병을 구웠으니 이는 그들이 애굽에서 쫓겨나므로 지체할 수 없었음이며 아무 양식도 준비하지 못하였음이었더라 이스라엘 자손이 애굽에 거주한 지 사백삼십 년이라 사백삼십 년이 끝나는 그 날에 여호와의 군대가 다 애굽 땅에서 나왔은즉 이 밤은 그들을 애굽 땅에서 인도하여 내심으로 말미암아 여호와 앞에 지킬 것이니 이는 여호와의 밤이라 이스라엘 자손이 다 대대로 지킬 것이니라 여호와께서 모세와 아론에게 이르시되 유월절 규례는 이러하니라 이방 사람은 먹지 못할 것이나 각 사람이 돈으로 산 종은 할례를 받은 후에 먹을 것이며 거류인과 타국 품꾼은 먹지 못하리라 한 집에서 먹되 그 고기를 조금도 집 밖으로 내지 말고 뼈도 꺾지 말며 이스라엘 회중이 다 이것을 지킬지니라 너희와 함께 거류하는 타국인이 여호와의 유월절을 지키고자 하거든 그 모든 남자는 할례를 받은 후에야 가까이 하여 지킬지니 곧 그는 본토인과 같이 될 것이나 할례 받지 못한 자는 먹지 못할 것이니라 본토인에게나 너희 중에 거류하는 이방인에게 이 법이 동일하니라 하셨으므로 온 이스라엘 자손이 이와 같이 행하되 여호와께서 모세와 아론에게 명령하신 대로 행하였으며 바로 그 날에 여호와께서 이스라엘 자손을 그 무리대로 애굽 땅에서 인도하여 내셨더라

고전 11:23, 26 ²³내가 너희에게 전한 것은 주께 받은 것이니 곧 주 예수께서 잡히시던 밤에 떡을 가지사 ²⁶너희가 이 떡을 먹으며 이 잔을 마실 때마다 주의 죽으심을 그가 오실 때까지 전하는 것이니라

93문답

문. 신약의 성례는 무엇입니까?

답. 신약의 성례는 세례와[1] 성찬(주의 만찬)입니다.[2]

> 1) 마 28:19. 2) 마 26:26-28.

마 28:19 그러므로 너희는 가서 모든 민족을 제자로 삼아 아버지와 아들과 성령의 이름으로 세례를 베풀고

마 26:26-28 그들이 먹을 때에 예수께서 떡을 가지사 축복하시고 떼어 제자들에게 주시며 이르시되 받아서 먹으라 이것은 내 몸이니라 하시고 또 잔을 가지사 감사 기도 하시고 그들에게 주시며 이르시되 너희가 다 이것을 마시라 이것은 죄 사함을 얻게 하려고 많은 사람을 위하여 흘리는 바 나의 피 곧 언약의 피니라

94문답

문. 세례는 무엇입니까?

답. 세례는 성부와 성자와 성령의 이름으로 물로 씻는 성례로,[1] 우리가 그리스도에게 접붙임 받는 것과 은혜 언약의 혜택에 참여하는 것, 주님의 것이 되기로 약속하는 것을 상징하고 인치는 것입니다.[2]

> 1) 마 28:19. 2) 롬 6:4; 갈 3:27.

마 28:19 그러므로 너희는 가서 모든 민족을 제자로 삼아 아버지와 아들과 성령의 이름으로 세례를 베풀고

롬 6:4 그러므로 우리가 그의 죽으심과 합하여 세례를 받음으로 그와 함께 장사되었나니 이는 아버지의 영광으로 말미암아 그리스도를 죽은 자 가운데서 살리심과 같이 우리로 또한 새 생명 가운데서 행하게 하려 함이라

갈 3:27 누구든지 그리스도와 합하기 위하여 세례를 받은 자는 그리스도로 옷 입었느니라

95문답

문. 세례는 누구에게 베풀어야 합니까?

답. 세례는 그들이 그리스도에 대한 믿음과 순종을 고백할 때까지는 보이는 교회 밖에 있는 어느 누구에게도 베풀 수 없습니다.[1] 다만 보이는 교회의 회원의 유아들에게는 세례를 베풀어야 합니다.[2]

　1) 행 8:36-37; 행 2:38.　2) 행 2:38-39; 창 17:10; 골 2:11-12; 고전 7:14.

행 8:36-37 (한글 성경에는 37절이 '없음'으로 되어 있지만 소교리문답을 작성했던 당시 사용했던 킹 제임스 성경KJV에는 37절에 다음과 같은 내용이 있습니다: And Philip said, If thou believest with all thine heart, thou mayest. And he answered and said, I believe that Jesus Christ is the Son of God.) 길 가다가 물 있는 곳에 이르러 그 내시가 말하되 보라 물이 있으니 내가 세례를 받음에 무슨 거리낌이 있느냐(없음)

행 2:38 베드로가 이르되 너희가 회개하여 각각 예수 그리스도의 이름으로 세례를 받고 죄 사함을 받으라 그리하면 성령의 선물을 받으리니

행 2:38-39 베드로가 이르되 너희가 회개하여 각각 예수 그리스도의 이름으로 세례를 받고 죄 사함을 받으라 그리하면 성령의 선물을 받으리니 이 약속은 너희와 너희 자녀와 모든 먼 데 사람 곧 주 우리 하나님이 얼마든지 부르시는 자들에게 하신 것이라 하고

창 17:10 너희 중 남자는 다 할례를 받으라 이것이 나와 너희와 너희 후손 사이에 지킬 내 언약이니라

골 2:11-12 또 그 안에서 너희가 손으로 하지 아니한 할례를 받았으니 곧 육의 몸을 벗는 것이요 그리스도의 할례니라 너희가 세례로 그리스도와 함께 장사되고 또 죽은 자들 가운데서 그를 일으키신 하나님의 역사를 믿음으로 말미암아 그 안에서 함께 일으키심을 받았느니라

고전 7:14 믿지 아니하는 남편이 아내로 말미암아 거룩하게 되고 믿지 아니하는 아내가 남편으로 말미암아 거룩하게 되나니 그렇지 아니하면 너희 자녀도 깨끗하지 못하니라 그러나 이제 거룩하니라

96문답

문. 성찬(주의 만찬)은 무엇입니까?

답. 성찬은 그리스도께서 정하신 대로 빵과 포도주를 주고받음으로 그리스도의 죽으심을 보여주는 보이는 성례로, 성찬을 합당하게 받는 사람들은 육체적이고 물질적인 방법이 아니라 믿음으로 그리스도의 몸과 피에 참여하며 그리스도의 모든 혜택을 받고 영적 양식을 공급받으며 은혜 안에서 자라갑니다.[1]

1) 고전 11:23-26; 고전 10:16.

고전 11:23-26 내가 너희에게 전한 것은 주께 받은 것이니 곧 주 예수께서 잡히시던 밤에 떡을 가지사 축사하시고 떼어 이르시되 이것은 너희를 위하는 내 몸이니 이것을 행하여 나를 기념하라 하시고 식후에 또한 그와 같이 잔을 가지시고 이르시되 이 잔은 내 피로 세운 새 언약이니 이것을 행하여 마실 때마다 나를 기념하라 하셨으니 너희가 이 떡을 먹으며 이 잔을 마실 때마다 주의 죽으심을 그가 오실 때까지 전하는 것이니라

고전 10:16 우리가 축복하는 바 축복의 잔은 그리스도의 피에 참여함이 아니며 우리가 떼는 떡은 그리스도의 몸에 참여함이 아니냐

97문답

문. 성찬을 합당하게 받는 방법은 무엇입니까?

답. 성찬에 합당하게 참여하려는 사람은 자신에게 주님의 몸을 분별하는 지식과[1] 주님을 양식으로 삼는 믿음이 있는지,[2] 또 자신이 회개하고[3] 사랑하며[4] 새롭게 순종하는지 살펴야 합니다.[5] 합당하지 않게 참여하여 자신에게 임할 심판을 먹고 마시지 않도록 해야 합니다.[6]

1) 고전 11:28-29. 2) 고후 13:5. 3) 고전 11:31. 4) 고전 10:16-17. 5) 고전 5:7-8. 6) 고전 11:28-29.

고전 11:28-29 사람이 자기를 살피고 그 후에야 이 떡을 먹고 이 잔을 마실지니 주의 몸을 분별하지 못하고 먹고 마시는 자는 자기의 죄를 먹고 마시는 것이니라

고후 13:5 너희는 믿음 안에 있는가 너희 자신을 시험하고 너희 자신을 확증하라 예수 그리스도께서 너희 안에 계신 줄을 너희가 스스로 알지 못하느냐 그렇지 않으면 너희는 버림 받은 자니라

고전 11:31 우리가 우리를 살폈으면 판단을 받지 아니하려니와

고전 10:16-17 우리가 축복하는 바 축복의 잔은 그리스도의 피에 참여함이 아니며 우리가 떼는 떡은 그리스도의 몸에 참여함이 아니냐 떡이 하나요 많은 우리가 한 몸이니 이는 우리가 다 한 떡에 참여함이라

고전 5:7-8 너희는 누룩 없는 자인데 새 덩어리가 되기 위하여 묵은 누룩을 내버리라 우리의 유월절 양 곧 그리스도께서 희생되셨느니라 이러므로 우리가 명절을 지키되 묵은 누룩으로도 말고 악하고 악의에 찬 누룩으로도 말고 누룩이 없이 오직 순전함과 진실함의 떡으로 하자

고전 11:28-29 사람이 자기를 살피고 그 후에야 이 떡을 먹고 이 잔을 마실지니 주의 몸을 분별하지 못하고 먹고 마시는 자는 자기의 죄를 먹고 마시는 것이니라

문. 기도는 무엇입니까?

답. 기도는 우리의 소원을 하나님께 아뢰되[1] 하나님의 뜻에
합당하게[2] 그리스도의 이름으로 아뢰는 것으로,[3] 우리
의 죄를 고백하고[4] 하나님의 자비하심에 감사하면서 하
는 것입니다.[5]

1) 시 62:8. 2) 요일 5:14. 3) 요 16:23. 4) 시 32:5-6; 단 9:4. 5) 빌 4:6.

시 62:8 백성들아 시시로 그를 의지하고 그의 앞에 마음을 토하라 하나님은 우리
의 피난처시로다 (셀라)

요일 5:14 그를 향하여 우리가 가진 바 담대함이 이것이니 그의 뜻대로 무엇을 구
하면 들으심이라

요 16:23 그 날에는 너희가 아무 것도 내게 묻지 아니하리라 내가 진실로 진실로
너희에게 이르노니 너희가 무엇이든지 아버지께 구하는 것을 내 이름으로 주시
리라

시 32:5-6 내가 이르기를 내 허물을 여호와께 자복하리라 하고 주께 내 죄를 아
뢰고 내 죄악을 숨기지 아니하였더니 곧 주께서 내 죄악을 사하셨나이다 (셀라)
이로 말미암아 모든 경건한 자는 주를 만날 기회를 얻어서 주께 기도할지라 진실
로 홍수가 범람할지라도 그에게 미치지 못하리이다

단 9:4 내 하나님 여호와께 기도하며 자복하여 이르기를 크시고 두려워할 주 하
나님, 주를 사랑하고 주의 계명을 지키는 자를 위하여 언약을 지키시고 그에게 인
자를 베푸시는 이시여

빌 4:6 아무 것도 염려하지 말고 다만 모든 일에 기도와 간구로, 너희 구할 것을
감사함으로 하나님께 아뢰라

99문답

문. 하나님께서 우리의 기도에 대한 지침으로 주신 법칙은 무엇입니까?

답. 하나님의 모든 말씀이 우리의 기도에 대한 지침으로 사용됩니다.[1] 그러나 그리스도께서 제자들에게 가르쳐주신 기도의 형태, 곧 일반적으로 '주기도문'이라고 부르는 기도를 특별한 법칙으로 주셨습니다.[2]

1) 요일 5:14. 2) 마 6:9–13; 눅 11:2–4.

요일 5:14 그를 향하여 우리가 가진 바 담대함이 이것이니 그의 뜻대로 무엇을 구하면 들으심이라

마 6:9–13 그러므로 너희는 이렇게 기도하라 하늘에 계신 우리 아버지여 이름이 거룩히 여김을 받으시오며 나라가 임하시오며 뜻이 하늘에서 이루어진 것 같이 땅에서도 이루어지이다 오늘 우리에게 일용할 양식을 주시옵고 우리가 우리에게 죄 지은 자를 사하여 준 것 같이 우리 죄를 사하여 주시옵고 우리를 시험에 들게 하지 마시옵고 다만 악에서 구하시옵소서 (나라와 권세와 영광이 아버지께 영원히 있사옵나이다 아멘)

눅 11:2–4 예수께서 이르시되 너희는 기도할 때에 이렇게 하라 아버지여 이름이 거룩히 여김을 받으시오며 나라가 임하시오며 우리에게 날마다 일용할 양식을 주시옵고 우리가 우리에게 죄 지은 모든 사람을 용서하오니 우리 죄도 사하여 주시옵고 우리를 시험에 들게 하지 마시옵소서 하라

문. 주기도문의 머리말이 우리에게 가르치는 것은 무엇입니까?

답. 주기도문의 머리말인 "하늘에 계신 우리 아버지여"는[1] 우리를 도우실 수 있고 도우려 하시는 하나님께 모든 거룩한 경외심과 신뢰를 가지고 자녀가 아버지에게 나아가듯 나아가라고 가르칩니다.[2] 또 다른 사람들과 함께 기도하고 다른 사람들을 위해 기도해야 한다는 것도 가르칩니다.[3]

1) 마 6:9. 2) 롬 8:15; 눅 11:13. 3) 행 12:5; 딤전 2:1-2.

마 6:9   그러므로 너희는 이렇게 기도하라 하늘에 계신 우리 아버지여 이름이 거룩히 여김을 받으시오며

롬 8:15   너희는 다시 무서워하는 종의 영을 받지 아니하고 양자의 영을 받았으므로 우리가 아빠 아버지라고 부르짖느니라

눅 11:13   너희가 악할지라도 좋은 것을 자식에게 줄 줄 알거든 하물며 너희 하늘 아버지께서 구하는 자에게 성령을 주시지 않겠느냐 하시니라

행 12:5   이에 베드로는 옥에 갇혔고 교회는 그를 위하여 간절히 하나님께 기도하더라

딤전 2:1-2   그러므로 내가 첫째로 권하노니 모든 사람을 위하여 간구와 기도와 도고와 감사를 하되 임금들과 높은 지위에 있는 모든 사람을 위하여 하라 이는 우리가 모든 경건과 단정함으로 고요하고 평안한 생활을 하려 함이라

101문답

문. 첫 번째 간구에서 우리는 무엇을 위해 기도합니까?

답. 첫 번째 간구인 "이름이 거룩히 여김을 받으시오며"에서[1] 우리는 하나님께서 자신을 알리시는 모든 일에서 우리와 다른 사람들로 하여금 하나님을 영화롭게 하도록 하시고,[2] 하나님께서 자신의 영광을 위해 모든 것을 주관하시기를 위해 기도합니다.[3]

1) 마 6:9. 2) 시 67:2–3. 3) 시 83.

마 6:9 그러므로 너희는 이렇게 기도하라 하늘에 계신 우리 아버지여 이름이 거룩히 여김을 받으시오며

시 67:2–3 주의 도를 땅 위에, 주의 구원을 모든 나라에게 알리소서 하나님이여 민족들이 주를 찬송하게 하시며 모든 민족들이 주를 찬송하게 하소서

시 83 하나님이여 침묵하지 마소서 하나님이여 잠잠하지 마시고 조용하지 마소서 무릇 주의 원수들이 떠들며 주를 미워하는 자들이 머리를 들었나이다 그들이 주의 백성을 치려 하여 간계를 꾀하며 주께서 숨기신 자를 치려고 서로 의논하여 말하기를 가서 그들을 멸하여 다시 나라가 되지 못하게 하여 이스라엘의 이름으로 다시는 기억되지 못하게 하자 하나이다 그들이 한마음으로 의논하고 주를 대적하여 서로 동맹하니 곧 에돔의 장막과 이스마엘인과 모압과 하갈인이며 그발과 암몬과 아말렉이며 블레셋과 두로 사람이요 앗수르도 그들과 연합하여 롯 자손의 도움이 되었나이다 (셀라) 주는 미디안인에게 행하신 것 같이, 기손 시내에서 시스라와 야빈에게 행하신 것 같이 그들에게도 행하소서 그들은 엔돌에서 패망하여 땅에 거름이 되었나이다 그들의 귀인들이 오렙과 스엡 같게 하시며 그들의 모든 고관들은 세바와 살문나와 같게 하소서 그들이 말하기를 우리가 하나님의 목장을 우리의 소유로 취하자 하였나이다 나의 하나님이여 그들이 굴러가는 검불 같게 하시며 바람에 날리는 지푸라기 같게 하소서 삼림을 사르는 불과 산에 붙는 불길 같이 주의 광풍으로 그들을 쫓으시며 주의 폭풍으로 그들을 두렵게 하소서 여호와여 그들의 얼굴에 수치가 가득하게 하사 그들이 주의 이름을 찾게 하소서 그들로 수치를 당하여 영원히 놀라게 하시며 낭패와 멸망을 당하게 하사 여호와라 이름하신 주만 온 세계의 지존자로 알게 하소서

102문답

문. 두 번째 간구에서 우리는 무엇을 위해 기도합니까?

답. 두 번째 간구인 "나라가 임하시오며"에서[1] 우리는 사탄의 나라가 멸망하고[2] 은혜의 나라가 흥왕하여[3] 우리와 다른 사람들이 은혜의 나라에 들어가서 거하기를,[4] 또한 영광의 나라가 속히 임하기를 위해 기도합니다.[5]

1) 마 6:10. 2) 시 68:1, 18. 3) 계 12:10~11. 4) 살후 3:1; 롬 10:1; 요 17:9, 20. 5) 계 22:20.

마 6:10 나라가 임하시오며 뜻이 하늘에서 이루어진 것 같이 땅에서도 이루어지이다

시 68:1, 18 ¹하나님이 일어나시니 원수들은 흩어지며 주를 미워하는 자들은 주 앞에서 도망하리이다 ¹⁸주께서 높은 곳으로 오르시며 사로잡은 자들을 취하시고 선물들을 사람들에게서 받으시며 반역자들로부터도 받으시니 여호와 하나님이 그들과 함께 계시기 때문이로다

계 12:10~11 내가 또 들으니 하늘에 큰 음성이 있어 이르되 이제 우리 하나님의 구원과 능력과 나라와 또 그의 그리스도의 권세가 나타났으니 우리 형제들을 참소하던 자 곧 우리 하나님 앞에서 밤낮 참소하던 자가 쫓겨났고 또 우리 형제들이 어린 양의 피와 자기들이 증언하는 말씀으로써 그를 이겼으니 그들은 죽기까지 자기들의 생명을 아끼지 아니하였도다

살후 3:1 끝으로 형제들아 너희는 우리를 위하여 기도하기를 주의 말씀이 너희 가운데서와 같이 퍼져 나가 영광스럽게 되고

롬 10:1 형제들아 내 마음에 원하는 바와 하나님께 구하는 바는 이스라엘을 위함이니 곧 그들로 구원을 받게 함이라

요 17:9, 20 ⁹내가 그들을 위하여 비옵나니 내가 비옵는 것은 세상을 위함이 아니요 내게 주신 자들을 위함이니이다 그들은 아버지의 것이로소이다 ²⁰내가 비옵는 것은 이 사람들만 위함이 아니요 또 그들의 말로 말미암아 나를 믿는 사람들도 위함이니

계 22:20 이것들을 증언하신 이가 이르시되 내가 진실로 속히 오리라 하시거늘 아멘 주 예수여 오시옵소서

103문답

문. 세 번째 간구에서 우리는 무엇을 위해 기도합니까?

답. 세 번째 간구인 "뜻이 하늘에서 이루어진 것 같이 땅에서도 이루어지이다"에서[1] 우리는 하나님께서 그분의 은혜로 우리가 하늘의 천사들처럼[3] 모든 일에서 하나님의 뜻을 능히 또 기꺼이 알고 따르고 복종하게 해 주시기를 위해 기도합니다.[2]

1) 마 6:10. 2) 시 67; 시 119:36; 마 26:39; 삼하 15:25; 욥 1:21. 3) 시 103:20-21.

마 6:10 나라가 임하시오며 뜻이 하늘에서 이루어진 것 같이 땅에서도 이루어지이다

시 67 하나님은 우리에게 은혜를 베푸사 복을 주시고 그의 얼굴 빛을 우리에게 비추사 (셀라) 주의 도를 땅 위에, 주의 구원을 모든 나라에게 알리소서 하나님이여 민족들이 주를 찬송하게 하시며 모든 민족들이 주를 찬송하게 하소서 온 백성은 기쁘고 즐겁게 노래할지니 주는 민족들을 공평히 심판하시며 땅 위의 나라들을 다스리실 것임이니이다 (셀라) 하나님이여 민족들이 주를 찬송하게 하시며 모든 민족으로 주를 찬송하게 하소서 땅이 그의 소산을 내어 주었으니 하나님 곧 우리 하나님이 우리에게 복을 주시리로다 하나님이 우리에게 복을 주시리니 땅의 모든 끝이 하나님을 경외하리로다

시 119:36 내 마음을 주의 증거들에게 향하게 하시고 탐욕으로 향하지 말게 하소서

마 26:39 조금 나아가사 얼굴을 땅에 대시고 엎드려 기도하여 이르시되 내 아버지여 만일 할 만하시거든 이 잔을 내게서 지나가게 하옵소서 그러나 나의 원대로 마시옵고 아버지의 원대로 하옵소서 하시고

삼하 15:25 왕이 사독에게 이르되 보라 하나님의 궤를 성읍으로 도로 메어 가라

만일 내가 여호와 앞에서 은혜를 입으면 도로 나를 인도하사 내게 그 궤와 그 계신 데를 보이시리라

욥 1:21 이르되 내가 모태에서 알몸으로 나왔사온즉 또한 알몸이 그리로 돌아가올지라 주신 이도 여호와시요 거두신 이도 여호와시오니 여호와의 이름이 찬송을 받으실지니이다 하고

시 103:20–21 능력이 있어 여호와의 말씀을 행하며 그의 말씀의 소리를 듣는 여호와의 천사들이여 여호와를 송축하라 그에게 수종들며 그의 뜻을 행하는 모든 천군이여 여호와를 송축하라

104문답

문. 네 번째 간구에서 우리는 무엇을 위해 기도합니까?

답. 네 번째 간구인 "오늘 우리에게 일용할 양식을 주시옵고"에서[1] 우리는 이 세상의 좋은 것들을 하나님께서 거저 주시는 선물로 충분하게 받기를, 또 그와 함께 하나님의 복을 즐거워하기를 위해 기도합니다.[2]

1) 마 6:11. 2) 잠 30:8–9; 창 28:20; 딤전 4:4–5.

마 6:11 오늘 우리에게 일용할 양식을 주시옵고

잠 30:8–9 곧 헛된 것과 거짓말을 내게서 멀리 하옵시며 나를 가난하게도 마옵시고 부하게도 마옵시고 오직 필요한 양식으로 나를 먹이시옵소서 혹 내가 배불러서 하나님을 모른다 여호와가 누구냐 할까 하오며 혹 내가 가난하여 도둑질하고 내 하나님의 이름을 욕되게 할까 두려워함이니이다

창 28:20 야곱이 서원하여 이르되 하나님이 나와 함께 계셔서 내가 가는 이 길에서 나를 지키시고 먹을 떡과 입을 옷을 주시어

딤전 4:4–5 하나님께서 지으신 모든 것이 선하매 감사함으로 받으면 버릴 것이 없나니 하나님의 말씀과 기도로 거룩하여짐이라

105문답

문. 다섯 번째 간구에서 우리는 무엇을 위해 기도합니까?

답. 다섯 번째 간구인 "우리가 우리에게 죄 지은 자를 사하여
준 것같이 우리 죄를 사하여 주시옵고"에서[1] 우리는 하
나님께서 그리스도 때문에 우리의 모든 죄를 값없이 용
서하여 주시기를 위해 기도합니다.[2] 우리는 하나님의 은
혜로 말미암아 다른 사람들을 진심으로 용서할 수 있게
되었기 때문에 이렇게 담대히 구할 수 있습니다.[3]

1) 마 6:12. 2) 시 51:1-2, 7, 9; 단 9:17-19. 3) 눅 11:4; 마 18:35.

마 6:12 우리가 우리에게 죄 지은 자를 사하여 준 것 같이 우리 죄를 사하여 주시옵고
시 51:1-2, 7, 9 [1-2]하나님이여 주의 인자를 따라 내게 은혜를 베푸시며 주의 많은 긍
휼을 따라 내 죄악을 지워 주소서 나의 죄악을 말갛게 씻으시며 나의 죄를 깨끗이 제
하소서 [7]우슬초로 나를 정결하게 하소서 내가 정하리이다 나의 죄를 씻어 주소서 내
가 눈보다 희리이다 [9]주의 얼굴을 내 죄에서 돌이키시고 내 모든 죄악을 지워 주소서
단 9:17-19 그러하온즉 우리 하나님이여 지금 주의 종의 기도와 간구를 들으시고
주를 위하여 주의 얼굴 빛을 주의 황폐한 성소에 비추시옵소서 나의 하나님이여
귀를 기울여 들으시며 눈을 떠서 우리의 황폐한 상황과 주의 이름으로 일컫는 성
을 보옵소서 우리가 주 앞에 간구하옵는 것은 우리의 공의를 의지하여 하는 것이
아니요 주의 큰 긍휼을 의지하여 함이니이다 주여 들으소서 주여 용서하소서 주여
귀를 기울이시고 행하소서 지체하지 마옵소서 나의 하나님이여 주 자신을 위하여
하시옵소서 이는 주의 성과 주의 백성이 주의 이름으로 일컫는 바 됨이니이다
눅 11:4 우리가 우리에게 죄 지은 모든 사람을 용서하오니 우리 죄도 사하여 주시
옵고 우리를 시험에 들게 하지 마옵소서 하라
마 18:35 너희가 각각 마음으로부터 형제를 용서하지 아니하면 나의 하늘 아버지
께서도 너희에게 이와 같이 하시리라

106문답

문. 여섯 번째 간구에서 우리는 무엇을 위해 기도합니까?

답. 여섯 번째 간구인 "우리를 시험에 들게 하지 마시옵고 다만 악에서 구하시옵소서"에서[1] 우리는 하나님께서 우리가 시험에 빠져 죄 짓지 않도록 우리를 지켜 주시기를,[2] 시험 당할 때는 우리를 도와주시고 구해주시기를 기도합니다.[3]

1) 마 6:13. 2) 마 26:41. 3) 고후 12:7-8.

마 6:13 우리를 시험에 들게 하지 마시옵고 다만 악에서 구하시옵소서 (나라와 권세와 영광이 아버지께 영원히 있사옵나이다 아멘

마 26:41 시험에 들지 않게 깨어 기도하라 마음에는 원이로되 육신이 약하도다 하시고

고후 12:7-8 여러 계시를 받은 것이 지극히 크므로 너무 자만하지 않게 하시려고 내 육체에 가시 곧 사탄의 사자를 주셨으니 이는 나를 쳐서 너무 자만하지 않게 하려 하심이라 이것이 내게서 떠나가게 하기 위하여 내가 세 번 주께 간구하였더니

107문답

문. 주기도문의 맺음말이 우리에게 가르치는 것은 무엇입니까?

답. 주기도문의 맺음말인 "나라와 권세와 영광이 아버지께 영원히 있사옵나이다, 아멘."은[1] 우리가 기도할 때 오직 하나님께만 용기를 얻어야 할 것과[2] 기도할 때 나라와 권세와 영광을 하나님께 돌림으로써 하나님을 찬양할 것과[3] 우리의 기도를 들으신다는 소망과 확신의 고백으로 '아멘'이라고 말할 것을 가르칩니다.[4]

1) 마 6:13. 2) 단 9:4, 7–9, 16–19. 3) 대상 29:10–13. 4) 고전 14:16; 계 22:20–21.

마 6:13 우리를 시험에 들게 하지 마시옵고 다만 악에서 구하시옵소서 (나라와 권세와 영광이 아버지께 영원히 있사옵나이다 아멘)

단 9:4, 7–9, 16–19 ⁴내 하나님 여호와께 기도하며 자복하여 이르기를 크시고 두려워할 주 하나님, 주를 사랑하고 주의 계명을 지키는 자를 위하여 언약을 지키시고 그에게 인자를 베푸시는 이시여 ⁷⁻⁹주여 공의는 주께로 돌아가고 수치는 우리 얼굴로 돌아옴이 오늘과 같아서 유다 사람들과 예루살렘 거민들과 이스라엘이 가까운 곳에 있는 자들이나 먼 곳에 있는 자들이 다 주께서 쫓아내신 각국에서 수치를 당하였사오니 이는 그들이 주께 죄를 범하였음이니이다 주여 수치가 우리에게 돌아오고 우리의 왕들과 우리의 고관과 조상들에게 돌아온 것은 우리가 주께 범죄하였음이니이다 마는 주 우리 하나님께는 긍휼과 용서하심이 있사오니 이는 우리가 주께 패역하였음이오며 ¹⁶⁻¹⁹주여 구하옵나니 주는 주의 공의를 따라 주의 분노를 주의 성 예루살렘, 주의 거룩한 산에서 떠나게 하옵소서 이는 우리의 죄와 우리 조상들의 죄악으로 말미암아 예루살렘과 주의 백성이 사면에 있는 자들에게 수치를 당함이니이다 그러하온즉 우리 하나님이여 지금 주의 종의 기도와 간구를 들으시고 주를 위하여 주의 얼굴 빛을 주의 황폐한 성소에 비추시옵소서 나의 하나님이여 귀를 기울여 들으시며 눈을 떠서 우리의 황폐한 상황과 주의 이름으로 일컫는 성을 보옵소서 우리가 주 앞에 간구하옵는 것은 우리의 공의를 의지하여 하는 것이 아니요 주의 큰 긍휼을 의지하여 함이니이다 주여 들으소서 주여 용서하소서 주여 귀를 기울이시고 행하소서 지체하지 마옵소서 나의 하나님이여 주 자신을 위하여 하시옵소서 이는 주의 성과 주의 백성이 주의 이름으로 일컫는 바 됨이니이다

대상 29:10-13 다윗이 온 회중 앞에서 여호와를 송축하여 이르되 우리 조상 이스라엘의 하나님 여호와여 주는 영원부터 영원까지 송축을 받으시옵소서 여호와여 위대하심과 권능과 영광과 승리와 위엄이 다 주께 속하였사오니 천지에 있는 것이 다 주의 것이로소이다 여호와여 주권도 주께 속하였사오니 주는 높으사 만물의 머리이심이니이다 부와 귀가 주께로 말미암고 또 주는 만물의 주재가 되사 손에 권세와 능력이 있사오니 모든 사람을 크게 하심과 강하게 하심이 주의 손에 있나이다 우리 하나님이여 이제 우리가 주께 감사하오며 주의 영화로운 이름을 찬양하나이다

고전 14:16 그렇지 아니하면 네가 영으로 축복할 때에 알지 못하는 처지에 있는 자가 네가 무슨 말을 하는지 알지 못하고 네 감사에 어찌 아멘 하리요

계 22:20-21 이것들을 증언하신 이가 이르시되 내가 진실로 속히 오리라 하시거늘 아멘 주 예수여 오시옵소서 주 예수의 은혜가 모든 자들에게 있을지어다 아멘

웨스트민스터
소교리문답

1문답

Q. What is the chief end of man?

A. Man's chief end is to glorify God,[1] and to enjoy him for ever.[2]

1) 고전 10:31; 롬 11:36. 2) 시 73:25–28.

2문답

Q. What rule hath God given to direct us how we may glorify and enjoy him?

A. The word of God, which is contained in the scriptures of the Old and New Testaments,[1] is the only rule to direct us how we may glorify and enjoy him.[2]

1) 딤후 3:16; 엡 2:20. 2) 요일 1:3–4.

3문답

Q. What do the scriptures principally teach?

A. The scriptures principally teach what man is to believe concerning God, and what duty God requires of man.[1]

1) 딤후 1:13; 딤후 3:16.

4문답

Q. What is God?

A. God is a Spirit,[1] infinite,[2] eternal,[3] and unchangeable,[4] in his being,[5] wisdom,[6] power,[7] holiness,[8] justice, goodness, and truth.[9]

1) 요 4:24. 2) 욥 11:7–9. 3) 시 90:2. 4) 약 1:17. 5) 출 3:14. 6) 시 147:5. 7) 계 4:8. 8) 계 15:4. 9) 출 34:6–7.

5문답

Q. Are there more Gods than one?

A. There is but One only, the living and true God.[1]

1) 신 6:4; 렘 10:10.

6문답

Q. How many persons are there in the Godhead?

A. There are three persons in the Godhead; the Father, the Son, and the Holy Ghost; and these three are one God, the same in substance, equal in power and glory.[1]

1) 요일 5:7(KJV 본문은 다음과 같습니다: For there are three that bear record in heaven, the Father, the Word, and the Holy Ghost: and these three are one.); 마 28:19.

7문답

Q. What are the decrees of God?

A. The decrees of God are, his eternal purpose, according to the counsel of his will, whereby, for his own glory, he hath foreordained whatsoever comes to pass.[1]

1) 엡 1:4, 11; 롬 9:22-23.

8문답

Q. How doth God execute his decrees?

A. God executeth his decrees in the works of creation and providence.

9문답

Q. What is the work of creation?

A. The work of creation is, God's making all things of nothing, by the word of his power, in the space of six days, and all very good.[1]

1) 창 1; 히 11:3.

10문답

Q. How did God create man?

A. God created man male and female, after his own image, in knowledge, righteousness, and holiness, with dominion over the creatures.[1]

1) 창 1:26–28; 골 3:10; 엡 4:24.

11문답

Q. What are God's works of providence?

A. God's works of providence are, his most holy[1], wise[2], and powerful preserving[3] and governing all his creatures, and all their actions[4].

1) 시 145:17. 2) 시 104:24; 사 28:29. 3) 히 1:3. 4) 시 103:19; 마 10:29–31.

12문답

Q. What special act of providence did God exercise toward man in the estate wherein he was created?

A. When God had created man, he entered into a covenant of life with him, upon condition of perfect obedience; forbidding him to eat of the tree of the knowledge of good and evil, upon the pain of death.[1]

1) 갈 3:12; 창 2:17.

13문답

Q. Did our first parents continue in the estate wherein they were created?

A. Our first parents, being left to the freedom of their own will, fell from the estate wherein they were created, by sinning against God.[1]

1) 창 3:6–8, 13; 전 7:29.

14문답

Q. What is sin?

A. Sin is any want of conformity unto, or transgression of, the law of God.[1]

1) 요일 3:4.

15문답

Q. What was the sin whereby our first parents fell from the estate wherein they were created?

A. The sin whereby our first parents fell from the estate wherein thy were created, was their eating the forbidden fruit.[1]

1) 창 3:6, 12.

16문답

Q. Did all mankind fall in Adam's first transgression?

A. The covenant being made with Adam, not only for himself, but for his posterity; all mankind, descending from him by ordinary generation, sinned in him, and fell with him, in his first transgression.[1]

1) 창 2:16–17; 롬 5:12; 고전 15:21–22.

17문답

Q. Into what estate did the fall bring mankind?

A. The fall brought mankind into an estate of sin and misery.[1]

1) 롬 5:12.

18문답

Q. Wherein consists the sinfulness of that estate whereinto man fell?

A. The sinfulness of that estate whereinto man fell, consists in the guilt of Adam's first sin, the want of original righteousness, and the corruption of his whole nature, which is commonly called Original Sin; together with all actual transgressions which proceed from it.[1]

1) 롬 5:12, 19; 롬 5:10–20; 엡 2:1–3; 약 1:14–15; 마 15:19.

19문답

Q. What is the misery of that estate whereinto man fell?

A. All mankind by their fall lost communion with God,[1] are under his wrath and curse,[2] and so made liable to all miseries in this life, to death itself, and to the pains of hell for ever.[3]

1) 창 3: 8, 10, 24. 2) 엡 2:2–3; 갈 3:10. 3) 애 3:39; 롬 6:23; 마 25:41, 46.

20문답

Q. Did God leave all mankind to perish in the estate of sin and misery?

A. God having, out of his mere good pleasure, from all eternity, elected some to everlasting life,[1] did enter into a covenant of grace, to deliver them out of the estate of sin and misery, and to bring them into an estate of salvation by a Redeemer.[2]

1) 엡 1:4. 2) 롬 3:20–22; 갈 3:21–22.

21문답

Q. Who is the Redeemer of God's elect?

A. The only Redeemer of God's elect is the Lord Jesus Christ,[1] who, being the eternal Son of God, became man,[2] and so was, and continueth to be, God and man in two distinct natures, and one person, for ever.[3]

1) 딤전 2:5–6. 2) 요 1:14; 갈 4:4. 3) 롬 9:5; 눅 1:35; 골 2:9; 히 7:24–25.

22문답

Q. How did Christ, being the Son of God, become man?

A. Christ, the Son of God, became man, by taking to himself a true body,[1] and a reasonable soul,[2] being conceived by the power of the Holy Ghost, in the womb of the virgin Mary, and born of her,[3] yet without sin.[4]

1) 히 2:14, 16; 히 10:5. 2) 마 26:38. 3) 눅 1:27, 31, 35, 42; 갈 4:4. 4) 히 4:15; 히 7:26.

23문답

Q. What offices doth Christ execute as our Redeemer?

A. Christ, as our Redeemer, executeth the offices of a prophet, of a priest, and of a king, both in his estate of humiliation and exaltation.[1]

1) 행 3:21–22; 히 12:25; 고후 13:3; 히 5:5–7; 히 7:25; 시 2:6; 사 9:6–7; 마 21:5; 시 2:8–11.

24문답

Q. How doth Christ execute the office of a prophet?

A. Christ executeth the office of a prophet, in revealing to us, by his word and Spirit, the will of God for our salvation.[1]

1) 요 1:18; 벧전 1:10–12; 요 15:15; 요 20:31.

25문답

Q. How doth Christ execute the office of a priest?

A. Christ executeth the office of a priest, in his once offering up of himself a sacrifice to satisfy divine justice,[1] and reconcile us to God;[2] and in making continual intercession for us.[3]

1) 히 9:14, 28. 2) 히 2:17. 3) 히 7:24-25.

26문답

Q. How doth Christ execute the office of a king?

A. Christ executeth the office of a king, in subduing us to himself,[1] in ruling[2] and defending us,[3] and in restraining and conquering all his and our enemies.[4]

1) 행 15:14-16. 2) 사 33:22. 3) 사 32:1-2. 4) 고전 15:25.

27문답

Q. Wherein did Christ's humiliation consist?

A. Christ's humiliation consisted in his being born, and that in a low condition,[1] made under the law,[2] undergoing the miseries of this life,[3] the wrath of God,[4] and the cursed death of the cross;[5] in being buried,[6] and continuing under the power of death for a time.[7]

1) 눅 2:7. 2) 갈 4:4. 3) 히 12:2-3; 사 53:2-3. 4) 눅 22:44; 마 27:46. 5) 빌 2:8. 6) 고전 15:3-4. 7) 행 2:24-27, 31.

28문답

Q. Wherein consisteth Christ's exaltation?

A. Christ's exaltation consisteth in his rising again from the dead on the third day,[1] in ascending up into heaven,[2] in sitting at the right hand of God the Father,[3] and in coming to judge the world at the last day.[4]

1) 고전 15:4. 2) 막 16:19. 3) 엡 1:20. 4) 행 1:11; 행 17:31.

29문답

Q. How are we made partakers of the redemption purchased by Christ?

A. We are made partakers of the redemption purchased by Christ, by the effectual application of it to us[1] by his Holy Spirit.[2]

1) 요 1:11–12. 2) 딛 3:5–6.

30문답

Q. How doth the Spirit apply to us the redemption purchased by Christ?

A. The Spirit applieth to us the redemption purchased by Christ, by working faith in us,[1] and thereby uniting us to Christ in our effectual calling.[2]

1) 엡 1:13–14; 요 6:37, 39; 엡 2:8. 2) 엡 3:17; 고전 1:9.

31문답

Q. What is effectual calling?

A. Effectual calling is the work of God's Spirit,[1] whereby, convincing us of our sin and misery,[2] enlightening our minds in the knowledge of Christ,[3] and renewing our wills,[4] he doth persuade and enable us to embrace Jesus Christ,[5] freely offered to us in the gospel.[6]

1) 딤후 1:9; 살후 2:13–14. 2) 행 2:37. 3) 행 26:18. 4) 겔 36:26–27. 5) 요 6:44–45. 6) 빌 2:13.

32문답

Q. What benefits do they that are effectually called partake of in this life?

A. They that are effectually called do in this life partake of justification,[1] adoption,[2] and sanctification, and the several benefits which in this life do either accompany or flow from them.[3]

1) 롬 8:30. 2) 엡 1:5. 3) 고전 1:26, 30.

33문답

Q. What is justification?

A. Justification is an act of God's free grace, wherein he pardoneth all our sins,[1] and accepteth us as righteous in his sight,[2] only for the righteousness of Christ imputed to us,[3] and received by faith alone.[4]

1) 롬 3:24–25; 롬 4:6–8. 2) 고후 5:19, 21. 3) 롬 5:17–19. 4) 갈 2:16; 빌 3:9.

34문답

Q. What is adoption?

A. Adoption is an act of God's free grace,[1] whereby we are received into the number, and have a right to all the privileges of the sons of God.[2]

1) 요일 3:1. 2) 요 1:12; 롬 8:17.

35문답

Q. What is sanctification?

A. Sanctification is the work of God's free grace,[1] whereby we are renewed in the whole man after the image of God,[2] and are enabled more and more to die unto sin, and live unto righteousness.[3]

1) 살후 2:13. 2) 엡 4:23–24. 3) 롬 6:4, 6; 롬 8:1(KJV 본문은 다음과 같습니다: There is therefore now no condemnation to them which are in Christ Jesus, who walk not after the flesh, but after the Spirit.).

36문답

Q. What are the benefits which in this life do accompany or flow from justification, adoption, and sanctification?

A. The benefits which in this life do accompany or flow from justification, adoption, and sanctification, are, assurance of God's love, peace of conscience,[1] joy in the Holy Ghost,[2] increase of grace,[3] and perseverance therein to the end.[4]

1) 롬 5:1–2, 5. 2) 롬 14:17. 3) 잠 4:18. 4) 요일 5:13; 벧전 1:5.

37문답

Q. What benefits do believers receive from Christ at death?

A. The souls of believers are, at their death made perfect in holiness,[1] and do immediately pass into glory;[2] and their bodies, being still united to Christ,[3] do rest in their graves[4] until the resurrection.[5]

1) 히 12:23. 2) 고후 5:1, 6, 8; 빌 1:23; 눅 23:43. 3) 살전 4:14. 4) 사 57:2. 5) 욥 19:26–27.

38문답

Q. What benefits do believers receive from Christ at the resurrection?

A. At the resurrection, believers being raised up in glory,[1] shall be openly acknowledged and acquitted in the day of judgment,[2] and made perfectly blessed in the full enjoying of God[3] to all eternity.[4]

1) 고전 15:43. 2) 마 25:23; 마 10:32. 3) 요일 3:2; 고전 13:12. 4) 살전 4:17–18.

39문답

Q. What is the duty which God requireth of man?

A. The duty which God requireth of man, is obedience to his revealed will.[1]

1) 미 6:8; 삼상 15:22.

40문답

Q. What did God at first reveal to man for the rule of his obedience?

A. The rule which God at first revealed to man for his obedience, was the moral law.[1]

1) 롬 2:14–15; 롬 10:5.

41문답

Q. Wherein is the moral law summarily comprehended?

A. The moral law is summarily comprehended in the ten commandments.[1]

1) 신 10:4; 마 19:17.

42문답

Q. What is the sum of the ten commandments?

A. The sum of the ten commandments is, To love the Lord our God, with all our heart, with all our soul, with all our strength, and with all our mind; and our neighbour as ourselves.[1]

1) 마 22:37–40.

43문답

Q. What is the preface to the ten commandments?

A. The preface to the ten commandments is in these words, I am the Lord thy God, which have brought thee out of the land of Egypt, out of the house of bondage.[1]

1) 출 20:2.

44문답

Q. What doth the preface to the ten commandments teach us?

A. The preface to the ten commandments teacheth us, That because God is the Lord, and our God, and Redeemer, therefore we are bound to keep all his commandments.[1]

1) 눅 1:74–75; 벧전 1:15–19.

45문답

Q. Which is the first commandment?

A. The first commandment is, Thou shalt have no other gods before me.[1]

1) 출 20:3.

46문답

Q. What is required in the first commandment?

A. The first commandment requireth us to know and acknowledge God to be the only true God, and our God,[1] and to worship and glorify him accordingly.[2]

1) 대상 28:9; 신 26:17. 2) 마 4:10; 시 29:2.

47문답

Q. What is forbidden in the first commandment?

A. The first commandment forbiddeth the denying,[1] or not worshipping and glorifying, the true God as God,[2] and our God;[3] and the giving of that worship and glory to any other, which is due to him alone.[4]

1) 시 14:1. 2) 롬 1:21. 3) 시 81:10–11. 4) 롬 1:25–26.

48문답

Q. What are we specially taught by these words, [before me] in the first commandment?

A. These words [before me] in the first commandment teach us, That God, who seeth all things, taketh notice of, and is much displeased with, the sin of having any other God.[1]

1) 겔 8:5–6; 시 44:20–21.

49문답

Q. Which is the second commandment?

A. The second commandment is, Thou shalt not make unto thee any graven image, or any likeness of anything that is in heaven above, or that is in the earth beneath, or that is in the water under the earth: thou shalt not bow down thyself to them, nor serve them: for I the Lord thy God am a jealous God, visiting the iniquity of the fathers upon the children unto the third and fourth generation of them that hate me: and showing mercy unto thousands of them that love me, and keep my commandments.[1]

1) 출 20:4–6.

50문답

Q. What is required in the second commandment?

A. The second commandment requireth the receiving, observing, and keeping pure and entire, all such religious worship and ordinances as God hath appointed in his word.[1]

1) 신 32:46; 마 28:20; 행 2:42.

51문답

Q. What is forbidden in the second commandment?

A. The second commandment forbiddeth the worshipping of God by images,[1] or any other way not appointed in his word.[2]

1) 신 4:15–19; 출 32:5, 8. 2) 신 12:31–32.

52문답

Q. What are the reasons annexed to the second commandment?

A. The reasons annexed to the second commandment are, God's sovereignty over us,[1] his propriety in us,[2] and the zeal he hath to his own worship.[3]

1) 시 95:2–3, 6. 2) 시 45:11. 3) 출 34:13–14.

53문답

Q. Which is the third commandment?

A. The third commandment is, Thou shalt not take the name of the Lord thy God in vain: for the Lord will not hold him guiltless that taketh his name in vain.[1]

1) 출 20:7.

54문답

Q. What is required in the third commandment?

A. The third commandment requireth the holy and reverent use of God's names,[1] titles,[2] attributes,[3] ordinances,[4] word,[5] and works.[6]

1) 마 6:9; 신 28:58. 2) 시 68:4. 3) 계 15:3–4. 4) 말 1:11, 14. 5) 시 138:1–2. 6) 욥 36:24.

55문답

Q. What is forbidden in the third commandment?

A. The third commandment forbiddeth all profaning or abusing of anything whereby God maketh himself known.[1]

1) 말 1:6–7, 12; 말 2:2; 말 3:14.

56문답

Q. What is the reason annexed to the third commandment?

A. The reason annexed to the third commandment is, That however the breakers of this commandment may escape punishment from men, yet the Lord our God will not suffer them to escape his righteous judgment.[1]

1) 삼상 2:12, 17, 22, 29; 삼상 3:13; 신 28:58–59.

57문답

Q. Which is the fourth commandment?

A. The fourth commandment is, Remember the Sabbath day, to keep it holy. Six days shalt thou labor, and do all thy work: but the seventh day is the sabbath of the Lord thy God: in it thou shalt not do any work, thou, nor thy son, nor thy daughter, thy man−servant, nor thy maid−servant, nor thy cattle, nor thy stranger that is within thy gates: for in six days the Lord made heaven and earth, the sea, and all that in them is, and rested the seventh day: wherefore the Lord blessed the sabbath day, and hallowed it.[1]

1) 출 20:8–11.

58문답

Q. What is required in the fourth commandment?

A. The fourth commandment requireth the keeping holy to God such set times as he hath appointed in his word; expressly one whole day in seven, to be a holy sabbath to himself.[1]

1) 신 5:12–14.

59문답

Q. Which day of the seven hath God appointed to be the weekly sabbath?

A. From the beginning of the world to the resurrection of Christ, God appointed the seventh day of the week to be the weekly sabbath; and the first day of the week, ever since, to continue to the end of the world, which is the Christian sabbath.[1]

1) 창 2:2–3; 고전 16:1–2; 행 20:7.

60문답

Q. How is the sabbath to be sanctified?

A. The sabbath is to be sanctified by a holy resting all that day,[1] even from such worldly employments and recreations as are lawful on other days;[2] and spending the whole time in the public and private exercises of God's worship,[3] except so much as is to be taken up in the works of necessity and mercy.[4]

1) 출 20:8, 10; 출 16:25–28. 2) 느 13:15–19, 21–22. 3) 눅 4:16; 행 20:7; 시 92(제목: 안식일의 찬송시); 사 66:23. 4) 마 12:1–13.

61문답

Q. What is forbidden in the fourth commandment?

A. The fourth commandment forbiddeth the omission or careless performance of the duties required,[1] and the profaning the day by idleness,[2] or doing that which is in itself sinful,[3] or by unnecessary thoughts, words, or works, about our worldly employments or recreations.[4]

1) 겔 22:26; 암 8:5; 말 1:13. 2) 행 20:7, 9. 3) 겔 23:38. 4) 렘 17:24-26; 사 58:13.

62문답

Q. What are the reasons annexed to the fourth commandment?

A. The reasons annexed to the fourth commandment are, God's allowing us six days of the week for our own employments,[1] his challenging a special propriety in the seventh, his own example, and his blessing the sabbath day.[2]

1) 출 20:9. 2) 출 20:11.

63문답

Q. Which is the fifth commandment?

A. The fifth commandment is, Honour thy father and thy mother; that thy days may be long upon the land which the Lord thy God giveth thee.[1]

1) 출 20:12.

64문답

Q. What is required in the fifth commandment?

A. The fifth commandment requireth the preserving the honour, and performing the duties, belonging to every one in their several places and relations, as superiors,[1] inferiors,[2] or equals.[3]

1) 엡 5:21. 2) 벧전 2:17. 3) 롬 12:10.

65문답

Q. What is forbidden in the fifth commandment?

A. The fifth commandment forbiddeth the neglecting of, or doing anything against, the honour and duty which belongeth to every one in their several places and relations.[1]

    1) 마 15:4–6; 겔 34:2–4; 롬 13:8.

66문답

Q. What is the reason annexed to the fifth commandment?

A. The reason annexed to the fifth commandment, is a promise of long life and prosperity (as far as it shall serve for God's glory and their own good) to all such as keep this commandment.[1]

    1) 신 5:16; 엡 6:2–3.

67문답

Q. Which is the sixth commandment?

A. The sixth commandment is, Thou shalt not kill.[1]

    1) 출 20:13.

68문답

Q. What is required in the sixth commandment?

A. The sixth commandment requireth all lawful endeavours to preserve our own life,[1] and the life of others.[2]

    1) 엡 5:28–29. 2) 왕상 18:4.

69문답

Q. What is forbidden in the sixth commandment?

A. The sixth commandment forbiddeth the taking away of our own life, or the life of our neighbour unjustly, or whatsoever tendeth thereunto.[1]

1) 행 16:28; 창 9:6.

70문답

Q. Which is the seventh commandment?

A. The seventh commandment is, Thou shalt not commit adultery.[1]

1) 출 20:14.

71문답

Q. What is required in the seventh commandment?

A. The seventh commandment requireth the preservation of our own and our neighbour's chastity, in heart, speech, and behaviour.[1]

1) 고전 7:2-3, 5, 34, 36; 골 4:6; 벧전 3:2.

72문답

Q. What is forbidden in the seventh commandment?

A. The seventh commandment forbiddeth all unchaste thoughts, words, and actions.[1]

1) 마 15:19; 마 5:28; 엡 5:3-4.

73문답

Q. Which is the eighth commandment?

A. The eighth commandment is, Thou shalt not steal.[1]

1) 출 20:15.

74문답

Q. What is required in the eighth commandment?

A. The eighth commandment requireth the lawful procuring and furthering the wealth and outward estate of ourselves and others.[1]

1) 창 30:30; 딤전 5:8; 레 25:35; 신 22:1-5; 출 23:4-5; 창 47:14, 20.

75문답

Q. What is forbidden in the eighth commandment?

A. The eighth commandment forbiddeth whatsoever doth or may unjustly hinder our own, or our neighbour's wealth or outward estate.[1]

1) 잠 21:17; 잠 23:20-21; 잠 28:19; 엡 4:28.

76문답

Q. Which is the ninth commandment?

A. The ninth commandment is, Thou shalt not bear false witness against thy neighbour.[1]

1) 출 20:16.

77문답

Q. What is required in the ninth commandment?

A. The ninth commandment requireth the maintaining and promoting of truth between man and man,[1] and of our own and our neighbour's good name,[2] especially in witness-bearing.[3]

1) 슥 8:16. 2) 요삼 1:12. 3) 잠 14:5, 25.

78문답

Q. What is forbidden in the ninth commandment?

A. The ninth commandment forbiddeth whatsoever is prejudicial to truth, or injurious to our own or our neighbour's good name.[1]

1) 삼상 17:28; 레 19:16; 시 15:3.

79문답

Q. Which is the tenth commandment?

A. The tenth commandment is, Thou shalt not covet thy neighbour's house, thou shalt not covet thy neighbour's wife, nor his manservant, nor his maidservant, nor his ox, nor his ass, nor anything that is thy neighbour's.[1]

1) 출 20:17.

80문답

Q. What is required in the tenth commandment?

A. The tenth commandment requireth full contentment with our own condition,[1] with a right and charitable frame of spirit toward our neighbour, and all that is his.[2]

1) 히 13:5; 딤전 6:6. 2) 욥 31:29; 롬 12:15; 딤전 1:5; 고전 13:4-7.

81문답

Q. What is forbidden in the tenth commandment?

A. The tenth commandment forbiddeth all discontentment with our own estate,[1] envying or grieving at the good of our neighbour,[2] and all inordinate motions and affections to anything that is his.[3]

1) 왕상 21:4; 에 5:13; 고전 10:10. 2) 갈 5:26; 약 3:14, 16. 3) 롬 7:7-8; 롬 13:9; 신 5:21.

82문답

Q. Is any man able perfectly to keep the commandments of God?

A. No mere man since the fall is able in this life perfectly to keep the commandments of God,[1] but doth daily break them in thought, word, and deed.[2]

1) 전 7:20; 요일 1:8, 10; 갈 5:17. 2) 창 6:5; 창 8:21; 롬 3:9–21; 약 3:2–13.

83문답

Q. Are all transgressions of the law equally heinous?

A. Some sins in themselves, and by reason of several aggravations, are more heinous in the sight of God than others.[1]

1) 겔 8:6, 13, 15; 요일 5:16; 시 78:17, 32, 56.

84문답

Q. What doth every sin deserve?

A. Every sin deserveth God's wrath and curse, both in this life, and that which is to come.[1]

1) 엡 5:6; 갈 3:10; 애 3:39; 마 25:41.

85문답

Q. What doth God require of us, that we may escape his wrath and curse, due to us for sin?

A. To escape the wrath and curse of God due to us for sin, God requireth of us faith in Jesus Christ, repentance unto life,[1] with the diligent use of all the outward means whereby Christ communicateth to us the benefits of redemption.[2]

1) 행 20:21. 2) 잠 2:1–5; 잠 8:33–36; 사 55:3.

86문답

Q. What is faith in Jesus Christ?

A. Faith in Jesus Christ is a saving grace,[1] whereby we receive and rest upon him alone for salvation, as he is offered to us in the gospel.[2]

1) 히 10:39. 2) 요 1:12; 사 26:3–4; 빌 3:9; 갈 2:16.

87문답

Q. What is repentance unto life?

A. Repentance unto life is a saving grace,[1] whereby a sinner, out of a true sense of his sin,[2] and apprehension of the mercy of God in Christ,[3] doth, with grief and hatred of his sin, turn from it unto God,[4] with full purpose of, and endeavour after, new obedience.[5]

1) 행 11:18. 2) 행 2:37–38. 3) 욜 2:12; 렘 3:22. 4) 렘 31:18–19; 겔 36:31. 5) 고후 7:11; 사 1:16–17.

88문답

Q. What are the outward and ordinary means whereby Christ communicateth to us the benefits of redemption?

A. The outward and ordinary means whereby Christ communicateth to us the benefits of redemption, are his ordinances, especially the word, sacraments, and prayer; all which are made effectual to the elect for salvation.[1]

1) 마 28:19–20; 행 2:42, 46–47.

Q. How is the word made effectual to salvation?

A. The Spirit of God maketh the reading, but especially the preaching of the word, an effectual means of convincing and converting sinners, and of building them up in holiness and comfort through faith unto salvation.[1]

1) 눅 8:8; 고전 14:24-25; 행 26:18; 시 19:8; 행 20:32; 롬 15:4; 딤후 3:15-17; 롬 10:13-17; 롬 1:16.

Q. How is the word to be read and heard, that it may become effectual to salvation?

A. That the word may become effectual to salvation, we must attend thereunto with diligence,[1] preparation,[2] and prayer;[3] receive it with faith and love,[4] lay it up in our hearts,[5] and practice it in our lives.[6]

1) 잠 8:34. 2) 벧전 2:1-2. 3) 시 119:18. 4) 히 4:2; 살후 2:10. 5) 시 119:11. 6) 눅 8:15; 약 1:25.

Q. How do the sacraments become effectual means of salvation?

A. The sacraments become effectual means of salvation, not from any virtue in them, or in him that doth administer them; but only by the blessing of Christ,[1] and the working of his Spirit in them that by faith receive them.[2]

1) 벧전 3:21; 마 3:11; 고전 3:6-7. 2) 고전 12:13.

92문답

Q. What is a sacrament?

A. A sacrament is an holy ordinance instituted by Christ; wherein, by sensible signs, Christ and the benefits of the new covenant, are represented, sealed, and applied to believers.[1]

1) 창 17:7, 10; 출 12; 고전 11:23, 26.

93문답

Q. Which are the sacraments of the New Testament?

A. The sacraments of the New Testament are, Baptism,[1] and the Lord's Supper.[2]

1) 마 28:19. 2) 마 26:26-28.

94문답

Q. What is baptism?

A. Baptism is a sacrament, wherein the washing with water in the name of the Father, and of the Son, and of the Holy Ghost,[1] doth signify and seal our ingrafting into Christ, and partaking of the benefits of the covenant of grace, and our engagement to be the Lord's.[2]

1) 마 28:19. 2) 롬 6:4; 갈 3:27.

95문답

Q. To whom is baptism to be administered?

A. Baptism is not to be administered to any that are out of the visible church, till they profess their faith in Christ, and obedience to him;[1] but the infants of such as are members of the visible church are to be baptized.[2]

1) 행 8:36-37(한글 성경에는 37절이 '없음'으로 되어 있지만 소교리문답을 작성했던 당

시 사용했던 킹 제임스 성경KJV에는 37절에 다음과 같은 내용이 있습니다: And Philip
said, If thou believest with all thine heart, thou mayest. And he answered and said, I
believe that Jesus Christ is the Son of God.); 행 2:38. 2) 행 2:38-39; 창 17:10; 골 2:11-
12; 고전 7:14.

96문답

Q. What is the Lord's supper?

A. The Lord's supper is a sacrament, wherein, by giving and receiving
bread and wine, according to Christ's appointment, his death is showed
forth; and the worthy receivers are, not after a corporal and carnal
manner, but by faith, made partakers of his body and blood, with all
his benefits, to their spiritual nourishment, and growth in grace.[1]

1) 고전 11:23-26; 고전 10:16.

97문답

Q. What is required to the worthy receiving of the Lord's supper?

A. It is required of them that would worthily partake of the Lord's supper,
that they examine themselves of their knowledge to discern the Lord's
body,[1] of their faith to feed upon him,[2] of their repentance,[3] love,[4]
and new obedience;[5] lest, coming unworthily, they eat and drink
judgment to themselves.[6]

1) 고전 11:28-29. 2) 고후 13:5. 3) 고전 11:31. 4) 고전 10:16-17. 5) 고전 5:7-8. 6) 고전 11:28-29.

98문답

Q. What is prayer?

A. Prayer is an offering up of our desires unto God,[1] for things agreeable
to his will,[2] in the name of Christ,[3] with confession of our sins,[4] and
thankful acknowledgement of his mercies.[5]

1) 시 62:8. 2) 요일 5:14. 3) 요 16:23. 4) 시 32:5-6; 단 9:4. 5) 빌 4:6.

99문답

Q. What rule hath God given for our direction in prayer?

A. The whole word of God is of use to direct us in prayer;[1] but the special rule of direction is that form of prayer which Christ taught his disciples, commonly called, The Lord's prayer.[2]

1) 요일 5:14. 2) 마 6:9–13; 눅 11:2–4.

100문답

Q. What doth the preface of the Lord's prayer teach us?

A. The preface of the Lord's prayer (which is, Our Father which art in heaven[1]) teacheth us to draw near to God with all holy reverence and confidence, as children to a father, able and ready to help us;[2] and that we should pray with and for others.[3]

1) 마 6:9. 2) 롬 8:15; 눅 11:13. 3) 행 12:5; 딤전 2:1–2.

101문답

Q. What do we pray for in the first petition?

A. In the first petition (which is, Hallowed be thy name[1]) we pray, That God would enable us and others to glorify him in all that whereby he maketh himself known;[2] and that he would dispose all things to his own glory.[3]

1) 마 6:9. 2) 시 67:2–3. 3) 시 83.

102문답

Q. What do we pray for in the second petition?

A. In the second petition (which is, Thy kingdom come[1]) we pray, That Satan's kingdom may be destroyed;[2] and that the kingdom of grace may be advanced,[3] ourselves and others brought into it, and kept in it;[4] and that the kingdom of glory may be hastened.[5]

1) 마 6:10. 2) 시 68:1, 18. 3) 계 12:10–11. 4) 살후 3:1; 롬 10:1; 요 17:9, 20. 5) 계 22:20.

103문답

Q. What do we pray for in the third petition?

A. In the third petition (which is, Thy will be done in earth as it is in heaven[1]) we pray, That God, by his grace, would make us able and willing to know, obey, and submit to his will in all things,[2] as the angels do in heaven.[3]

1) 마 6:10. 2) 시 67; 시 119:36; 마 26:39; 삼하 15:25; 욥 1:21. 3) 시 103:20–21.

104문답

Q. What do we pray for in the fourth petition?

A. In the fourth petition (which is, Give us this day our daily bread[1]) we pray, That of God's free gift we may receive a competent portion of the good things of this life, and enjoy his blessing with them.[2]

1) 마 6:11. 2) 잠 30:8–9; 창 28:20; 딤전 4:4–5.

105문답

Q. What do we pray for in the fifth petition?

A. In the fifth petition (which is, And forgive us our debts, as we forgive our debtors[1]) we pray, That God, for Christ's sake, would freely pardon all our sins;[2] which we are the rather encouraged to ask, because by his grace we are enabled from the heart to forgive others.[3]

1) 마 6:12. 2) 시 51:1-2, 7, 9; 단 9:17-19. 3) 눅 11:4; 마 18:35.

106문답

Q. What do we pray for in the sixth petition?

A. In the sixth petition (which is, And lead us not into temptation, but deliver us from evil[1]) we pray, That God would either keep us from being tempted to sin,[2] or support and deliver us when we are tempted.[3]

1) 마 6:13. 2) 마 26:41. 3) 고후 12:7-8.

107문답

Q. What doth the conclusion of the Lord's prayer teach us?

A. The conclusion of the Lord's prayer (which is, For thine is the kingdom, and the power, and the glory, for ever, Amen[1]) teacheth us to take our encouragement in prayer from God only,[2] and in our prayers to praise him, ascribing kingdom, power, and glory to him.[3] And in testimony of our desire and assurance to be heard, we say, Amen.[4]

1) 마 6:13. 2) 단 9:4, 7-9, 16-19. 3) 대상 29:10-13. 4) 고전 14:16; 계 22:20-21.

웨스트민스터 소교리문답 · 휴대 암송용

펴 낸 날 2018년 2월 1일 초판 1쇄
2023년 2월 15일 초판 2쇄

지 은 이 웨스트민스터 총회
옮 긴 이 그 책의 사람들

펴 낸 이 한재술
펴 낸 곳 그 책의 사람들

디 자 인 참디자인

주   소 경기도 수원시 팔달구 정자천로32번길 27, 151동 906호.
팩   스 0505 - 299 - 1710
카   페 cafe.naver.com/thepeopleofthebook
메   일 tpotbook@naver.com
등   록 2011년 7월 18일 (제251 - 2011 - 44호)
인   쇄 불꽃피앤피

책   값 7,000원
I S B N 979-11-85248-24-0 03230

·이 책은 출판 회원분들의 섬김으로 만들어졌습니다.